FRENCH VERBS SIMPLIFIED

COLES EDITORIAL BOARD

Bound to stay open

Publisher's Note

Otabind (Ota-bind). This book has been bound
using the patented Otabind process. You can
open this book at any page, gently run your
finger down the spine, and the pages will lie flat.

ABOUT COLES NOTES

COLES NOTES have been an indispensible aid to students on five continents since 1948.

COLES NOTES are available for a wide range of individual literary works. Clear, concise explanations and insights are provided along with interesting interpretations and evaluations.

Proper use of COLES NOTES will allow the student to pay greater attention to lectures and spend less time taking notes. This will result in a broader understanding of the work being studied and will free the student for increased participation in discussions.

COLES NOTES are an invaluable aid for review and exam preparation as well as an invitation to explore different interpretive paths.

COLES NOTES are written by experts in their fields. It should be noted that any literary judgement expressed herein is just that – the judgement of one school of thought. Interpretations that diverge from, or totally disagree with any criticism may be equally valid.

COLES NOTES are designed to supplement the text and are not intended as a substitute for reading the text itself. Use of the NOTES will serve not only to clarify the work being studied, but should enhance the readers enjoyment of the topic.

ISBN 0-7740-3434-3

© COPYRIGHT 2001 AND PUBLISHED BY
COLES PUBLISHING COMPANY
TORONTO - CANADA
PRINTED IN CANADA

Manufactured by Webcom Limited
Cover finish: Webcom's Exclusive **DURACOAT**

CONTENTS

    Tenses with Quand, Depuis, Il y a—que, Conditional Sentences, Agreement of Past Participle, Verbal Forms after Prepositions, the Subjunctive, Special Uses of Devoir, Faire, and Venir, Verbs and their Complements, Verbs with DIRECT infinitive, Verbs with DE, Verbs with A, Use of 75 Common Verbs fully illustrated.

INTRODUCTION

GENERAL REMARKS ON FRENCH VERBS

The French verb has a **Stem or Radical** and **Endings**. The **Endings** change to express the different persons, tenses, and moods.

The Stem or Radical, in theory, remains the same throughout the entire conjugation. Actually, however, there is a large number of verbs in which the stem does change. This situation gives us the two main classifications of French verbs:

1. **REGULAR VERBS,** the great body of French verbs, several thousand of them, in which the stem is always the same in all the tenses and moods and which can therefore be conjugated after a given model.

2. **IRREGULAR VERBS,** a very much smaller group of important verbs in common use in which the stem changes in some of the forms and which must be learned individually.

Regular verbs are classified in **three** groups called **Conjugations** according to the endings of their **Infinitive:**

1st Conjugation—Infinitive ends in **ER**: DONNER
2nd Conjugation—Infinitive ends in **IR**: FINIR
3rd Conjugation—Infinitive ends in **RE**: VENDRE

Irregular verbs may have any of the above endings. There are also some irregular verbs which end in **OIR**.

To conjugate a regular verb drop the infinitive ending—except in the future and the conditional where the whole infinitive is used—and add to the stem the endings for the various tenses and persons. **A complete table of all the endings are given in this book on page 54.**

To conjugate an irregular verb it is necessary, first, to observe what changes the stem has undergone before adding the endings.

These changes in the stem can, with few exceptions, all be seen in the following five forms of the verb usually called the "Principal Parts" or, in French, "**LES TEMPS PRIMITIFS**".

1. INFINITIVE (INFINITIF)
2. PRESENT PARTICIPLE (PARTICIPE PRÉSENT)
3. PAST PARTICIPLE (PARTICIPE PASSÉ)
4. PRESENT INDICATIVE, FIRST PERSON SINGULAR (INDICATIF PRÉSENT)
5. SIMPLE PAST, FIRST PERSON SINGULAR (PASSÉ SIMPLE)

These five forms should be learned thoroughly for each irregular verb. It will then be easier to remember the rest of the forms. In this book the "Temps Primitifs" of each verb are given at the beginning of the conjugation of each verb.

The French verb has fourteen tenses, seven simple, and seven compound tenses:—

THE SIMPLE TENSES Les Temps Simples	THE COMPOUND TENSES Les Temps Composés
1. INDICATIF PRÉSENT	1. PASSÉ COMPOSÉ
2. INDICATIF IMPARFAIT	2. PLUS-QUE-PARFAIT
3. INDICATIF PASSÉ SIMPLE	3. PASSÉ ANTÉRIEUR
4. INDICATIF FUTUR	4. FUTUR ANTÉRIEUR
5. CONDITIONNEL PRÉSENT	5. CONDITIONNEL PASSÉ
6. SUBJONCTIF PRÉSENT	6. SUBJONCTIF PASSÉ
7. SUBJONCTIF IMPARFAIT	7. SUBJONCTIF PLUS-QUE-PARFAIT

The following pages contain the complete conjugation of all the important irregular verbs in the simple tenses and in the imperative. To form the compound tenses of these same verbs take the past participle of the verb and combine it with the simple tenses of the auxiliary verb "avoir" or "être". The auxiliary to be used is given with each verb under the infinitive.

Avoir, *to have*   ayant, *having*   eu, *had*
(avoir eu, *to have had*)

Indicatif Présent	Imparfait	Passé Simple	Futur
J'ai	avais	eus	aurai
Tu as	avais	eus	auras
Il a	avait	eut	aura
Nous avons	avions	eûmes	aurons
Vous avez	aviez	eûtes	aurez
Ils ont	avaient	eurent	auront

Passé Composé	Plus-que-Parfait	Passé Antérieur	Futur Antérieur
J'ai eu	avais eu	eus eu	aurai eu
Tu as eu	avais eu	eus eu	auras eu
Il a eu	avait eu	eut eu	aura eu
Nous avons eu	avions eu	eûmes eu	aurons eu
Vous avez eu	aviez eu	eûtes eu	aurez eu
Ils ont eu	avaient eu	eurent eu	auront eu

Être, *to be*   étant, *being*   été, *been*
(avoir été, *to have been*)

Indicatif Présent	Imparfait	Passé Simple	Futur
Je suis	étais	fus	serai
Tu es	étais	fus	seras
Il est	était	fut	sera
Nous sommes	étions	fûmes	serons
Vous êtes	étiez	fûtes	serez
Ils sont	étaient	furent	seront

Passé Composé	Plus-que-Parfait	Passé Antérieur	Futur Antérieur
J'ai été	avais été	eus été	aurai été
Tu as été	avais été	eus été	auras été
Il a été	avait été	eut été	aura été
Nous avons été	avions été	eûmes été	aurons été
Vous avez été	aviez été	eûtes été	aurez été
Ils ont été	avaient été	eurent été	auront été

Forms printed in bold type are the "Temps Primitifs" of the verb

j'ai, *I have*   j'eus, *I had*

Conditionnel Présent	Subjonctif Présent	Subjonctif Imparfait	Impératif
aurais	aie	eusse	
aurais	aies	eusses	aie
aurait	ait	eût	qu'il ait
aurions	ayons	eussions	ayons
auriez	ayez	eussiez	ayez
auraient	aient	eussent	qu'ils aient

Conditionnel Passé	Subjonctif Passé	Subjonctif Plus-que-Parfait
aurais eu	aie eu	eusse eu
aurais eu	aies eu	eusses eu
aurait eu	ait eu	eût eu
aurions eu	ayons eu	eussions eu
auriez eu	ayez eu	eussiez eu
auraient eu	aient eu	eussent eu

je suis, *I am*   je fus, *I was*

Conditionnel Présent	Subjonctif Présent	Subjonctif Imparfait	Impératif
serais	sois	fusse	
serais	sois	fusses	sois
serait	soit	fût	qu'il soit
serions	soyons	fussions	soyons
seriez	soyez	fussiez	soyez
seraient	soient	fussent	qu'ils soient

Conditionnel Passé	Subjonctif Passé	Subjonctif Plus-que-Parfait
aurais été	aie été	eusse été
aurais été	aies été	eusses été
aurait été	ait été	eût été
aurions été	ayons été	eussions été
auriez été	ayez été	eussiez été
auraient été	aient été	eussent été

MODEL OF FIRST CONJUGATION

Donner, *to give*   **donnant,** *giving*   **donné,** *given*
(avoir donné, *to have given*)

Indicatif Présent	Imparfait	Passé Simple	Futur
Je donne	donnais	donnai	donnerai
Tu donnes	donnais	donnas	donneras
Il donne	donnait	donna	donnera
Nous donnons	donnions	donnâmes	donnerons
Vous donnez	donniez	donnâtes	donnerez
Ils donnent	donnaient	donnèrent	donneront

MODEL OF SECOND CONJUGATION

Finir, *to finish*   **finissant,** *finishing*   **fini,** *finished*
(avoir fini, *to have finished*)

Je finis	finissais	finis	finirai
Tu finis	finissais	finis	finiras
Il finit	finissait	finit	finira
Nous finissons	finissions	finîmes	finirons
Vous finissez	finissiez	finîtes	finirez
Ils finissent	finissaient	finirent	finiront

MODEL OF THIRD CONJUGATION

Rendre, *to give back*   **rendant,** *giving back*
(avoir rendu, *to have given back*)

Je rends	rendais	rendis	rendrai
Tu rends	rendais	rendis	rendras
Il rend	rendait	rendit	rendra
Nous rendons	rendions	rendîmes	rendrons
Vous rendez	rendiez	rendîtes	rendrez
Ils rendent	rendaient	rendirent	rendront

Verbs conjugated like "donner"

aider, *to aid*	chanter, *to sing*	raconter, *to relate*
aimer, *to love*	chercher, *to look for*	regarder, *to look at*
brûler, *to burn*	écouter, *to listen to*	travailler, *to work*
cacher, *to hide*	parler, *to speak*	trouver, *to find*

je donne, *I give*   je donnai, *I gave*

Conditionnel Présent	Subjonctif Présent	Subjonctif Imparfait	Impératif
donnerais	donne	donnasse	
donnerais	donnes	donnasses	donne
donnerait	donne	donnât	qu'il donne
donnerions	donnions	donnassions	donnons
donneriez	donniez	donnassiez	donnez
donneraient	donnent	donnassent	qu'ils donnent

je finis, *I finish*   je finis, *I finished*

finirais	finisse	finisse	
finirais	finisses	finisses	finis
finirait	finisse	finît	qu'il finisse
finirions	finissions	finissions	finissons
finiriez	finissiez	finissiez	finissez
finiraient	finissent	finissent	qu'ils finissent

rendu, *given back*   je rends, *I give back*
je rendis, *I gave back*

rendrais	rende	rendisse	
rendrais	rendes	rendisses	rends
rendrait	rende	rendît	qu'il rende
rendrions	rendions	rendissions	rendons
rendriez	rendiez	rendissiez	rendez
rendraient	rendent	rendissent	qu'ils rendent

like "finir"

bâtir, *to build*   choisir, *to choose*
obéir, *to obey*   périr, *to perish*
salir, *to soil*   punir, *to punish*
rougir, *to blush*   chérir, *to cherish*

like "rendre"

perdre, *to lose*   attendre, *to wait for*
vendre, *to sell*   descendre, *to go down*
entendre, *to hear*   pendre, *to hang*
répondre, *to reply*   mordre, *to bite*

ORTHOGRAPHIC CHANGES IN VERBS
OF THE FIRST CONJUGATION

Certain types of verbs of the First Conjugation undergo changes in spelling before some endings:

1. Verbs ending in **ger**, take an "e" before all endings which begin with an "a" or an "o" to keep the sound of the "g" soft. Type—**manger.**

2. Verbs ending in **cer** take a cedilla under the "c" before endings beginning with an "a" or an "o" to keep the sound of the "c" soft. Type—**placer.**

3. Verbs having a mute "e" in the stem change this mute "e" to the open sound of this vowel in all syllables which come before a mute "e" in the ending. This change of

---

Manger, *to eat*   **mangeant**   **mangé**   **je mange**
(avoir mangé)   **je mangeai**

Indicatif Présent	Imparfait	Passé Simple	Futur
Je mange	mangeais	mangeai	mangerai
Tu manges	mangeais	mangeas	mangeras
Il mange	mangeait	mangea	mangera
Nous mangeons	mangions	mangeâmes	mangerons
Vous mangez	mangiez	mangeâtes	mangerez
Ils mangent	mangeaient	mangèrent	mangeront

Placer, *to place*   **plaçant**   **placé**   **je place**
(avoir placé)   **je plaçai**

Je place	plaçais	plaçai	placerai
Tu places	plaçais	plaças	placeras
Il place	plaçait	plaça	placera
Nous plaçons	placions	plaçâmes	placerons
Vous placez	placiez	plaçâtes	placerez
Ils placent	plaçaient	placèrent	placeront

Forms printed in bold type are the "Temps Primitifs" of the verb

sound is obtained by placing the "grave" accent over the "e" in such syllables. Type—**mener.**

In some verbs ending in **eler** or **eter,** this change of sound is obtained by doubling the "l" or the "t" in syllables coming before a mute "e". Type—**appeler** and **jeter.**

4. Verbs which have an "é" in the stem change the "é" to an "è" in syllables coming before a mute "e" except in the Future and in the Conditional. Type—**espérer.**

The verbs **"étudier"** and **"créer"** are perfectly regular but are conjugated here in full because of the odd combination of two "i's" and two "e's" in some tenses.

5. Verbs ending in **yer** change the "y" to an "i" in syllables coming before a mute "e". Type—**employer.**

Verbs in **ayer** need not change the "y". Type—**payer.**

---

* { bouger, *to budge* changer, *to change* corriger, *to correct*	nager, *to swim* songer, *to dream* voyager, *to travel*

Conditionnel Présent	Subjonctif Présent	Subjonctif Imparfait	Impératif
mangerais	mange	mangeasse	
mangerais	manges	mangeasses	mange
mangerait	mange	mangeât	qu'il mange
mangerions	mangions	mangeassions	mangeons
mangeriez	mangiez	mangeassiez	mangez
mangeraient	mangent	mangeassent	qu'ils mangent

* { avancer, *to advance* commencer, *to begin* effacer, *to erase*	forcer, *to force* percer, *to pierce* prononcer, *to pronounce*

placerais	place	plaçasse	
placerais	places	plaçasses	place
placerait	place	plaçât	qu'il place
placerions	placions	plaçassions	plaçons
placeriez	placiez	plaçassiez	placez
placeraient	placent	plaçassent	qu'ils placent

* These verbs are conjugated like the verb in the same space

Appeler, *to call*   **appelant**   **appelé**   **j'appelle**
(avoir appelé)   **j'appelai**

Indicatif Présent	Imparfait	Passé Simple	Futur
J'appelle	appelais	appelai	appellerai
Tu appelles	appelais	appelas	appelleras
Il appelle	appelait	appela	appellera
Nous appelons	appelions	appelâmes	appellerons
Vous appelez	appeliez	appelâtes	appellerez
Ils appellent	appelaient	appelèrent	appelleront

Créer, *to create*   **créant**   **créé**   **je crée**   **je créai**
(avoir créé)

Je crée	créais	créai	créerai
Tu crées	créais	créas	créeras
Il crée	créait	créa	créera
Nous créons	créions	créâmes	créerons
Vous créez	créiez	créâtes	créerez
Ils créent	créaient	créèrent	créeront

Employer, *to employ*   **employant**   **employé**   **j'emploie**
(avoir employé)   **j'employai**

J'emploie	employais	employai	emploierai
Tu emploies	employais	employas	emploieras
Il emploie	employait	employa	emploiera
Nous employons	employions	employâmes	emploierons
Vous employez	employiez	employâtes	emploierez
Ils emploient	employaient	employèrent	emploieront

Payer, *to pay*   **payant**   **payé**   **je paye**   **je payai**
(avoir payé)

Je paye	payais	payai	payerai
Tu payes	payais	payas	payeras
Il paye	payait	paya	payera
Nous payons	payions	payâmes	payerons
Vous payez	payiez	payâtes	payerez
Ils payent	payaient	payèrent	payeront

Forms printed in bold type are the "Temps Primitifs" of the verb.

* { s'appeler, *to be called*
  { rappeler, *to recall*

Conditionnel Présent	Subjonctif Présent	Subjonctif Imparfait	Impératif
appellerais	appelle	appelasse	
appellerais	appelles	appelasses	appelle
appellerait	appelle	appelât	qu'il appelle
appellerions	appelions	appelassions	appelons
appelleriez	appeliez	appelassiez	appelez
appelleraient	appellent	appelassent	qu'ils appellent
créerais	crée	créasse	
créerais	crées	créasses	crée
créerait	crée	créât	qu'il crée
créerions	créions	créassions	créons
créeriez	créiez	créassiez	créez
créeraient	créent	créassent	qu'ils créent

* { ennuyer, *to bore*　　　nettoyer, *to clean*
  { essuyer, *to wipe*　　　noyer, *to drown*

emploierais	emploie	employasse	
emploierais	emploies	employasses	emploie
emploierait	emploie	employât	qu'il emploie
emploierions	employions	employassions	employons
emploieriez	employiez	employassiez	employez
emploieraient	emploient	employassent	qu'ils emploient

* { balayer, *to sweep*　　　essayer, *to try*
  { effrayer, *to frighten*　　égayer, *to enliven*

payerais	paye	payasse	
payerais	payes	payasses	paye
payerait	paye	payât	qu'il paye
payerions	payions	payassions	payons
payeriez	payiez	payassiez	payez
payeraient	payent	payassent	qu'ils payent

* These verbs are conjugated like the verb in the same space

Etudier, *to study* étudiant étudié j'étudie j'étudiai
(avoir étudié)

Indicatif Présent	Imparfait	Passé Simple	Futur
J'étudie	étudiais	étudiai	étudierai
Tu étudies	étudiais	étudias	étudieras
Il étudie	étudiait	étudia	étudiera
Nous étudions	étudiions	étudiâmes	étudierons
Vous étudiez	étudiiez	étudiâtes	étudierez
Ils étudient	étudiaient	étudièrent	étudieront

Espérer, *to hope* espérant espéré j'espère j'espérai
(avoir espéré)

J'espère	espérais	espérai	espérerai
Tu espères	espérais	espéras	espéreras
Il espère	espérait	espéra	espérera
Nous espérons	espérions	espérâmes	espérerons
Vous espérez	espériez	espérâtes	espérerez
Ils espèrent	espéraient	espérèrent	espéreront

Jeter, *to throw* jetant jeté je jette je jetai
(avoir jeté)

Je jette	jetais	jetai	jetterai
Tu jettes	jetais	jetas	jetteras
Il jette	jetait	jeta	jettera
Nous jetons	jetions	jetâmes	jetterons
Vous jetez	jetiez	jetâtes	jetterez
Ils jettent	jetaient	jetèrent	jetteront

Mener, *to lead* menant mené je mène je menai
(avoir mené)

Je mène	menais	menai	mènerai
Tu mènes	menais	menas	mèneras
Il mène	menait	mena	mènera
Nous menons	menions	menâmes	mènerons
Vous menez	meniez	menâtes	mènerez
Ils mènent	menaient	menèrent	mèneront

Forms printed in bold type are the "Temps Primitifs" of the verb.

*	crier, *to shout* prier, *to pray* nier, *to deny*	remercier, *to thank* oublier, *to forget* plier, *to bend*	

Conditionnel Présent	Subjonctif Présent	Subjonctif Imparfait	Impératif
étudierais	étudie	étudiasse	
étudierais	étudies	étudiasses	étudie
étudierait	étudie	étudiât	qu'il étudie
étudierions	étudiions	étudiassions	étudions
étudieriez	étudiiez	étudiassiez	étudiez
étudieraient	étudient	étudiassent	qu'ils étudient

*	révérer, *to revere* préférer, *to prefer*	sécher, *to dry* posséder, *to possess*

espérerais	espère	espérasse	
espérerais	espères	espérasses	espère
espérerait	espère	espérât	qu'il espère
espérerions	espérions	espérassions	espérons
espéreriez	espériez	espérassiez	espérez
espéreraient	espèrent	espérassent	qu'ils espèrent

*	cacheter, *to seal* projeter, *to project*

jetterais	jette	jetasse	
jetterais	jettes	jetasses	jette
jetterait	jette	jetât	qu'il jette
jetterions	jetions	jetassions	jetons
jetteriez	jetiez	jetassiez	jetez
jetteraient	jettent	jetassent	qu'ils jettent

*	lever, *to lift up* geler, *to freeze* peser, *to weigh*	élever, *to bring up* achever, *to finish* acheter, *to buy*

mènerais	mène	menasse	
mènerais	mènes	menasses	mène
mènerait	mène	menât	qu'il mène
mènerions	menions	menassions	menons
mèneriez	meniez	menassiez	menez
mèneraient	mènent	menassent	qu'ils mènent

* These verbs are conjugated like the verb in the same space

IRREGULAR VERBS

The verbs in the pages that follow are all Irregular Verbs. They may be divided into four groups according to the ending of their infinitive as follows:

er verbs,   re verbs
ir verbs   oir verbs

Most of these verbs at one time belonged to the regular conjugations of the same infinitive endings but,

ER VERBS

Aller, *to go*   **allant**   **allé**   **je vais**   **j'allai**
(être allé)

Indicatif Présent	Imparfait	Passé Simple	Futur
Je vais	allais	allai	irai
Tu vas	allais	allas	iras
Il va	allait	alla	ira
Nous allons	allions	allâmes	irons
Vous allez	alliez	allâtes	irez
Ils vont	allaient	allèrent	iront

Envoyer, *to send*   **envoyant**   **envoyé**   **j'envoie**
(avoir envoyé)   **j'envoyai**

J'envoie	envoyais	envoyai	enverrai
Tu envoies	envoyais	envoyas	enverras
Il envoie	envoyait	envoya	enverra
Nous envoyons	envoyions	envoyâmes	enverrons
Vous envoyez	envoyiez	envoyâtes	enverrez
Ils envoient	envoyaient	envoyèrent	enverront

Forms printed in bold type are the "Temps Primitifs" of the verb as they are common verbs, usage brought in changes in some of the forms. There are still, however, many similarities to the original conjugation. In order to learn and to remember these verbs more easily study carefully the "Temps Primitifs" given in bold type with each verb and try to discover how they differ from the regular verbs of the same infinitive ending. You will find many similarities which will help you remember the forms.

ER VERBS

"Aller" is conjugated with "être." Past participle must agree with the subject.

Conditionnel Présent	Subjonctif Présent	Subjonctif Imparfait	Impératif
irais	aille	allasse	
irais	ailles	allasses	*va
irait	aille	allât	qu'il aille
irions	allions	allassions	allons
iriez	alliez	allassiez	allez
iraient	aillent	allassent	qu'ils aillent

†{ renvoyer, *to send away*

enverrais	envoie	envoyasse	
enverrais	envoies	envoyasses	envoie
enverrait	envoie	envoyât	qu'il envoie
enverrions	envoyions	envoyassions	envoyons
enverriez	envoyiez	envoyassiez	envoyez
enverraient	envoient	envoyassent	qu'ils envoient

* "Va" becomes "vas" before the pronoun "y"   Vas-y!, *Go there!*

† These verbs are conjugated like the verb in the same space

Acquérir, *to acquire* **acquérant acquis j'acquiers j'acquis**
(avoir acquis)

Indicatif Présent	Imparfait	Passé Simple	Futur
J'acquiers	acquérais	acquis	acquerrai
Tu acquiers	acquérais	acquis	acquerras
Il acquiert	acquérait	acquit	acquerra
Nous acquérons	acquérions	acquîmes	acquerrons
Vous acquérez	acquériez	acquîtes	acquerrez
Ils acquièrent	acquéraient	acquirent	acquerront

Assaillir, *to assail* **assaillant assailli j'assaille j'assaillis**
(avoir assailli)

J'assaille	assaillais	assaillis	assaillirai
Tu assailles	assaillais	assaillis	assailliras
Il assaille	assaillait	assaillit	assaillira
Nous assaillons	assaillions	assaillîmes	assaillirons
Vous assaillez	assailliez	assaillîtes	assaillirez
Ils assaillent	assaillaient	assaillirent	assailliront

Bouillir, *to boil* **bouillant bouilli je bous je bouillis**
(avoir bouilli)

Je bous	bouillais	bouillis	bouillirai
Tu bous	bouillais	bouillis	bouilliras
Il bout	bouillait	bouillit	bouillira
Nous bouillons	bouillions	bouillîmes	bouillirons
Vous bouillez	bouilliez	bouillîtes	bouillirez
Ils bouillent	bouillaient	bouillirent	bouilliront

Courir, *to run* **courant couru je cours je courus**
(avoir couru)

Je cours	courais	courus	courrai
Tu cours	courais	courus	courras
Il court	courait	courut	courra
Nous courons	courions	courûmes	courrons
Vous courez	couriez	courûtes	courrez
Ils courent	couraient	coururent	courront

Forms printed in bold type are the "Temps Primitifs" of the verb.

* { conquérir, *to conquer*

Conditionnel Présent	Subjonctif Présent	Subjonctif Imparfait	Impératif
acquerrais	acquière	acquisse	
acquerrais	acquières	acquisses	acquiers
acquerrait	acquière	acquît	qu'il acquière
acquerrions	acquérions	acquissions	acquérons
acquerriez	acquériez	acquissiez	acquérez
acquerraient	acquièrent	acquissent	qu'ils acquièrent

* { tressaillir, *to start, to shudder*

assaillirais	assaille	assaillisse	
assaillirais	assailles	assaillisses	assaille
assaillirait	assaille	assaillît	qu'il assaille
assaillirions	assaillions	assaillissions	assaillons
assailliriez	assailliez	assaillissiez	assaillez
assailliraient	assaillent	assaillissent	qu'ils assaillent

* { ébouillir, *to boil away*

bouillirais	bouille	bouillisse	
bouillirais	bouilles	bouillisses	bous
bouillirait	bouille	bouillît	qu'il bouille
bouillirions	bouillions	bouillissions	bouillons
bouilliriez	bouilliez	bouillissiez	bouillez
bouilliraient	bouillent	bouillissent	qu'ils bouillent

* { secourir, *to help* / parcourir, *to run over*

courrais	coure	courusse	
courrais	coures	courusses	cours
courrait	coure	courût	qu'il coure
courrions	courions	courussions	courons
courriez	couriez	courussiez	courez
courraient	courent	courussent	qu'ils courent

* These verbs are conjugated like the verb in the same space

Cueillir, *to gather* cueillant cueilli je cueille je cueillis
(avoir cueilli)

Indicatif Présent	Imparfait	Passé Simple	Futur
Je cueille	cueillais	cueillis	cueillerai
Tu cueilles	cueillais	cueillis	cueilleras
Il cueille	cueillait	cueillit	cueillera
Nous cueillons	cueillions	cueillîmes	cueillerons
Vous cueillez	cueilliez	cueillîtes	cueillerez
Ils cueillent	cueillaient	cueillirent	cueilleront

Dormir, *to sleep* dormant dormi je dors je dormis
(avoir dormi)

Je dors	dormais	dormis	dormirai
Tu dors	dormais	dormis	dormiras
Il dort	dormait	dormit	dormira
Nous dormons	dormions	dormîmes	dormirons
Vous dormez	dormiez	dormîtes	dormirez
Ils dorment	dormaient	dormirent	dormiront

Faillir, *to fail* faillant failli je faux je faillis
(avoir failli)

Je faux	faillais	faillis	faillirai
Tu faux	faillais	faillis	failliras
Il faut	faillait	faillit	faillira
Nous faillons	faillions	faillîmes	faillirons
Vous faillez	failliez	faillîtes	faillirez
Ils faillent	faillaient	faillirent	failliront

Fuir, *to flee* fuyant fui je fuis je fuis
(avoir fui)

Je fuis	fuyais	fuis	fuirai
Tu fuis	fuyais	fuis	fuiras
Il fuit	fuyait	fuit	fuira
Nous fuyons	fuyions	fuîmes	fuirons
Vous fuyez	fuyiez	fuîtes	fuirez
Ils fuient	fuyaient	fuirent	fuiront

Forms printed in bold type are the "Temps Primitifs" of the verb.

| | accueillir, *to welcome*
recueillir, *to collect* | Notice the "e" in the "Futur"
and "Conditionnel" | |

Conditionnel Présent	Subjonctif Présent	Subjonctif Imparfait	Impératif
cueillerais	cueille	cueillisse	
cueillerais	cueilles	cueillisses	cueille
cueillerait	cueille	cueillît	qu'il cueille
cueillerions	cueillions	cueillissions	cueillons
cueilleriez	cueilliez	cueillissiez	cueillez
cueilleraient	cueillent	cueillissent	qu'ils cueillent

| | endormir, *to put to sleep*
s'endormir, *to fall asleep* |

dormirais	dorme	dormisse	
dormirais	dormes	dormisses	dors
dormirait	dorme	dormît	qu'il dorme
dormirions	dormions	dormissions	dormons
dormiriez	dormiez	dormissiez	dormez
dormiraient	dorment	dormissent	qu'ils dorment

Do not confuse this verb with "falloir." See page 46.

faillirais	faille	faillisse	
faillirais	failles	faillisses	
faillirait	faille	faillît	No
faillirions	faillions	faillissions	impératif
failliriez	failliez	faillissiez	
failliraient	faillent	faillissent	

| | s'enfuir, *to run away* |

fuirais	fuie	fuisse	
fuirais	fuies	fuisses	fuis
fuirait	fuie	fuît	qu'il fuie
fuirions	fuyions	fuissions	fuyons
fuiriez	fuyiez	fuissiez	fuyez
fuiraient	fuient	fuissent	qu'ils fuient

* These verbs are conjugated like the verb in the same space

Haïr, *to hate*   **haïssant**   **haï**   **je hais**   **je haïs**
(avoir haï)

Indicatif Présent	Imparfait	Passé Simple	Futur
Je hais	haïssais	haïs	haïrai
Tu hais	haïssais	haïs	haïras
Il hait	haïssait	haït	haïra
Nous haïssons	haïssions	haïmes	haïrons
Vous haïssez	haïssiez	haïtes	haïrez
Ils haïssent	haïssaient	haïrent	haïront

Mentir, *to lie*   **mentant**   **menti**   **je mens**   **je mentis**
(avoir menti)

Je mens	mentais	mentis	mentirai
Tu mens	mentais	mentis	mentiras
Il ment	mentait	mentit	mentira
Nous mentons	mentions	mentîmes	mentirons
Vous mentez	mentiez	mentîtes	mentirez
Ils mentent	mentaient	mentirent	mentiront

Mourir, *to die*   **mourant**   **mort**   **je meurs**   **je mourus**
(être mort)

Je meurs	mourais	mourus	mourrai
Tu meurs	mourais	mourus	mourras
Il meurt	mourait	mourut	mourra
Nous mourons	mourions	mourûmes	mourrons
Vous mourez	mouriez	mourûtes	mourrez
Ils meurent	mouraient	moururent	mourront

Offrir, *to offer*   **offrant**   **offert**   **j'offre**   **j'offris**
(avoir offert)

J'offre	offrais	offris	offrirai
Tu offres	offrais	offris	offriras
Il offre	offrait	offrit	offrira
Nous offrons	offrions	offrîmes	offrirons
Vous offrez	offriez	offrîtes	offrirez
Ils offrent	offraient	offrirent	offriront

Forms printed in bold type are the "Temps Primitifs" of the verb.

Observation: "haïr" is pronounced—a—ir. The "a" and the "i" are pronounced separately in all the forms that have the "tréma" over the "i". In the singular of the Pres. where the "tréma" does not appear "hais" is pronounced "ais".

Conditionnel Présent	Subjonctif Présent	Subjonctif Imparfait	Impératif
haïrais	haïsse	haïsse	
haïrais	haïsses	haïsses	hais
haïrait	haïsse	haït	qu'il haïsse
haïrions	haïssions	haïssions	haïssons
haïriez	haïssiez	haïssiez	haïssez
haïraient	haïssent	haïssent	qu'ils haïssent

* { démentir, *to give the lie to, to deny*

mentirais	mente	mentisse	
mentirais	mentes	mentisses	mens
mentirait	mente	mentît	qu'il mente
mentirions	mentions	mentissions	mentons
mentiriez	mentiez	mentissiez	mentez
mentiraient	mentent	mentissent	qu'ils mentent

Observation: Compare the "Conditionnel" and the "Imparfait" of "mourir."

mourrais	meure	mourusse	
mourrais	meures	mourusses	meurs
mourrait	meure	mourût	qu'il meure
mourrions	mourions	mourussions	mourons
mourriez	mouriez	mourussiez	mourez
mourraient	meurent	mourussent	qu'ils meurent

* { souffrir, *to suffer*   Notice that the Present Tense is conjugated like an *er* verb.

offrirais	offre	offrisse	
offrirais	offres	offrisses	offre
offrirait	offre	offrît	qu'il offre
offririons	offrions	offrissions	offrons
offririez	offriez	offrissiez	offrez
offriraient	offrent	offrissent	qu'ils offrent

* These verbs are conjugated like the verb in the same space

Ouvrir, *to open* ouvrant ouvert j'ouvre j'ouvris
(avoir ouvert)

Indicatif Présent	Imparfait	Passé Simple	Futur
J'ouvre	ouvrais	ouvris	ouvrirai
Tu ouvres	ouvrais	ouvris	ouvriras
Il ouvre	ouvrait	ouvrit	ouvrira
Nous ouvrons	ouvrions	ouvrîmes	ouvrirons
Vous ouvrez	ouvriez	ouvrîtes	ouvrirez
Ils ouvrent	ouvraient	ouvrirent	ouvriront

†Partir, *to depart* partant parti je pars je partis
(être parti)

Je pars	partais	partis	partirai
Tu pars	partais	partis	partiras
Il part	partait	partit	partira
Nous partons	partions	partîmes	partirons
Vous partez	partiez	partîtes	partirez
Ils partent	partaient	partirent	partiront

†Sentir, *to feel or to smell* sentant senti je sens je sentis
(avoir senti)

Je sens	sentais	sentis	sentirai
Tu sens	sentais	sentis	sentiras
Il sent	sentait	sentit	sentira
Nous sentons	sentions	sentîmes	sentirons
Vous sentez	sentiez	sentîtes	sentirez
Ils sentent	sentaient	sentirent	sentiront

†Servir, *to serve* servant servi je sers je servis
(avoir servi)

Je sers	servais	servis	servirai
Tu sers	servais	servis	serviras
Il sert	servait	servit	servira
Nous servons	servions	servîmes	servirons
Vous servez	serviez	servîtes	servirez
Ils servent	servaient	servirent	serviront

Forms printed in bold type are the "Temps Primitifs" of the verb.
† Observe the similarity in the conjugation of dormir, mentir, partir, sentir, servir and sortir.

$$\ast \begin{cases} \text{couvrir, } to \ cover \\ \text{découvrir, } to \ discover \end{cases}$$

Conditionnel Présent	Subjonctif Présent	Subjonctif Imparfait	Impératif
ouvrirais	ouvre	ouvrisse	
ouvrirais	ouvres	ouvrisses	ouvre
ouvrirait	ouvre	ouvrît	qu'il ouvre
ouvririons	ouvrions	ouvrissions	ouvrons
ouvririez	ouvriez	ouvrissiez	ouvrez
ouvriraient	ouvrent	ouvrissent	qu'ils ouvrent

Caution: "Partir" is conjugated with "être". The Past Participle must agree with its subject in gender and number. Il est parti, Ils sont partis, Elle est partie, Elles sont parties.

partirais	parte	partisse	
partirais	partes	partisses	pars
partirait	parte	partît	qu'il parte
partirions	partions	partissions	partons
partiriez	partiez	partissiez	partez
partiraient	partent	partissent	qu'ils partent

$$\ast \begin{cases} \text{consentir, } to \ consent \\ \text{se repentir, } to \ repent \end{cases}$$

sentirais	sente	sentisse	
sentirais	sentes	sentisses	sens
sentirait	sente	sentît	qu'il sente
sentirions	sentions	sentissions	sentons
sentiriez	sentiez	sentissiez	sentez
sentiraient	sentent	sentissent	qu'ils sentent

Idiom: se servir de, *to use*
Je me sers d'une plume, *I use a pen.*

servirais	serve	servisse	
servirais	serves	servisses	sers
servirait	serve	servît	qu'il serve
servirions	servions	servissions	servons
serviriez	serviez	servissiez	servez
serviraient	servent	servissent	qu'ils servent

* These verbs are conjugated like the verb in the same space

Sortir, *to go out*　**sortant　sorti　je sors　je sortis**
(être sorti)

Indicatif Présent	Imparfait	Passé Simple	Futur
Je sors	sortais	sortis	sortirai
Tu sors	sortais	sortis	sortiras
Il sort	sortait	sortit	sortira
Nous sortons	sortions	sortîmes	sortirons
Vous sortez	sortiez	sortîtes	sortirez
Ils sortent	sortaient	sortirent	sortiront

Tenir, *to hold*　**tenant　tenu　je tiens　je tins**
(avoir tenu)

Je tiens	tenais	tins	tiendrai
Tu tiens	tenais	tins	tiendras
Il tient	tenait	tint	tiendra
Nous tenons	tenions	tînmes	tiendrons
Vous tenez	teniez	tîntes	tiendrez
Ils tiennent	tenaient	tinrent	tiendront

Venir, *to come*　**venant　venu　je viens　je vins**
(être venu)

Je viens	venais	vins	viendrai
Tu viens	venais	vins	viendras
Il vient	venait	vint	viendra
Nous venons	venions	vînmes	viendrons
Vous venez	veniez	vîntes	viendrez
Ils viennent	venaient	vinrent	viendront

Vêtir, *to clothe*　**vêtant　vêtu　je vêts　je vêtis**
(avoir vêtu)

Je vêts	vêtais	vêtis	vêtirai
Tu vêts	vêtais	vêtis	vêtiras
Il vêt	vêtait	vêtit	vêtira
Nous vêtons	vêtions	vêtîmes	vêtirons
Vous vêtez	vêtiez	vêtîtes	vêtirons
Ils vêtent	vêtaient	vêtirent	vêtiront

Forms printed in bold type are the "Temps Primitifs" of the verb.

Caution: The Past Participle of "sortir" agrees with the subject.

Henri est sorti. *Henry has gone out.*

Louise est sortie. *Louise has gone out.*

Conditionnel Présent	Subjonctif Présent	Subjonctif Imparfait	Impératif
sortirais	sorte	sortisse	
sortirais	sortes	sortisses	sors
sortirait	sorte	sortît	qu'il sorte
sortirions	sortions	sortissions	sortons
sortiriez	sortiez	sortissiez	sortez
sortiraient	sortent	sortissent	qu'ils sortent

* { contenir, *to contain*   maintenir, *to maintain*
  obtenir, *to obtain*   appartenir, *to belong to*
  retenir, *to retain*   entretenir, *to entertain* }

tiendrais	tienne	tinsse	
tiendrais	tiennes	tinsses	tiens
tiendrait	tienne	tînt	qu'il tienne
tiendrions	tenions	tinssions	tenons
tiendriez	teniez	tinssiez	tenez
tiendraient	tiennent	tinssent	qu'ils tiennent

* { revenir, *to come back*   intervenir, *to intervene*
  devenir, *to become*
  se souvenir de, *to remember* }

viendrais	vienne	vinsse	
viendrais	viennes	vinsses	viens
viendrait	vienne	vînt	qu'il vienne
viendrions	venions	vinssions	venons
viendriez	veniez	vinssiez	venez
viendraient	viennent	vinssent	qu'ils viennent

* { dévêtir, *to strip* or *to divest* }

vêtirais	vête	vêtisse	
vêtirais	vêtes	vêtisses	vêts
vêtirait	vête	vêtît	qu'il vête
vêtirions	vêtions	vêtissions	vêtons
vêtiriez	vêtiez	vêtissiez	vêtez
vêtiraient	vêtent	vêtissent	qu'ils vêtent

* These verbs are conjugated like the verb in the same space

Battre, *to beat* **battant battu je bats je battis**
(avoir battu)

Indicatif Présent	Imparfait	Passé Simple	Futur
Je bats	battais	battis	battrai
Tu bats	battais	battis	battras
Il bat	battait	battit	battra
Nous battons	battions	battîmes	battrons
Vous battez	battiez	battîtes	battrez
Ils battent	battaient	battirent	battront

Boire, *to drink* **buvant bu je bois je bus**
(avoir bu)

Je bois	buvais	bus	boirai
Tu bois	buvais	bus	boiras
Il boit	buvait	but	boira
Nous buvons	buvions	bûmes	boirons
Vous buvez	buviez	bûtes	boirez
Ils boivent	buvaient	burent	boiront

Conclure, *to conclude* **concluant conclu je conclus**
(avoir conclu) **je conclus**

Je conclus	concluais	conclus	conclurai
Tu conclus	concluais	conclus	concluras
Il conclut	concluait	conclut	conclura
Nous concluons	concluions	conclûmes	conclurons
Vous concluez	concluiez	conclûtes	conclurez
Ils concluent	concluaient	conclurent	concluront

Conduire, *to conduct* **conduisant conduit je conduis**
(avoir conduit) **je conduisis**

Je conduis	conduisais	conduisis	conduirai
Tu conduis	conduisais	conduisis	conduiras
Il conduit	conduisait	conduisit	çonduira
Nous conduisons	conduisions	conduisîmes	conduirons
Vous conduisez	conduisiez	conduisîtes	conduirez
Ils conduisent	conduisaient	conduisirent	conduiront

Forms printed in bold type are the "Temps Primitifs" of the verb.

Observation:	"battre" is conjugated throughout like a regular third conjugation verb except in the present singular where it loses one "t". Compare "battre" and "bâtir.'

Conditionnel Présent	Subjonctif Présent	Subjonctif Imparfait	Impératif
battrais	batte	battisse	
battrais	battes	battisses	bats
battrait	batte	battît	qu'il batte
battrions	battions	battissions	battons
battriez	battiez	battissiez	battez
battraient	battent	battissent	qu'ils battent

* { emboire, *to imbibe*

boirais	boive	busse	
boirais	boives	busses	bois
boirait	boive	bût	qu'il boive
boirions	buvions	bussions	buvons
boiriez	buviez	bussiez	buvez
boiraient	boivent	bussent	qu'ils boivent

* { exclure, *to exclude*
inclure, *to include*

conclurais	conclue	conclusse	
conclurais	conclues	conclusses	conclus
conclurait	conclue	conclût	qu'il conclue
conclurions	concluions	conclussions	concluons
concluriez	concluiez	conclussiez	concluez
concluraient	concluent	conclussent	qu'ils concluent

* { construire, *to construct*   détruire, *to destroy*
instruire, *to instruct*   traduire, *to translate*
cuire, *to cook*   produire, *to produce*

conduirais	conduise	conduisisse	
conduirais	conduises	conduisisses	conduis
conduirait	conduise	conduisît	qu'il conduise
conduirions	conduisions	conduisissions	conduisons
conduiriez	conduisiez	conduisissiez	conduisez
conduiraient	conduisent	conduisissent	qu'ils conduisent

* These verbs are conjugated like the verb in the same space

Confire, *to preserve*   **confisant**   **confit**   **je confis**
(avoir confit)   **je confis**

Indicatif Présent	Imparfait	Passé Simple	Futur
Je confis	confisais	confis	confirai
Tu confis	confisais	confis	confiras
Il confit	confisait	confit	confira
Nous confisons	confisions	confîmes	confirons
Vous confisez	confisiez	confîtes	confirez
Ils confisent	confisaient	confirent	confiront

Connaître, *to know*   **connaissant**   **connu**   **je connais**
(avoir connu)   **je connus**

Je connais	connaissais	connus	connaîtrai
Tu connais	connaissais	connus	connaîtras
Il connaît	connaissait	connut	connaîtra
Nous connaissons	connaissions	connûmes	connaîtrons
Vous connaissez	connaissiez	connûtes	connaîtrez
Ils connaissent	connaissaient	connurent	connaîtront

Coudre, *to sew*   **cousant**   **cousu**   **je couds**   **je cousis**
(avoir cousu)

Je couds	cousais	cousis	coudrai
Tu couds	cousais	cousis	coudras
Il coud	cousait	cousit	coudra
Nous cousons	cousions	cousîmes	coudrons
Vous cousez	cousiez	cousîtes	coudrez
Ils cousent	cousaient	cousirent	coudront

Craindre, *to fear*   **craignant**   **craint**   **je crains**
(avoir craint)   **je craignis**

Je crains	craignais	craignis	craindrai
Tu crains	craignais	craignis	craindras
Il craint	craignait	craignit	craindra
Nous craignons	craignions	craignîmes	craindrons
Vous craignez	craigniez	craignîtes	craindrez
Ils craignent	craignaient	craignirent	craindront

Forms printed in bold type are the "Temps Primitifs" of the verb.

Conditionnel Présent	Subjonctif Présent	Subjonctif Imparfait	Impératif
confirais	confise	confisse	
confirais	confises	confisses	confis
confirait	confise	confît	qu'il confise
confirions	confisions	confissions	confisons
confiriez	confisiez	confissiez	confisez
confiraient	confisent	confissent	qu'ils confisent

* { reconnaître, *to recognize*
 apparaître, *to appear*   paraître, *to seem*
 disparaître, *to disappear* }

connaîtrais	connaisse	connusse	
connaîtrais	connaisses	connusses	connais
connaîtrait	connaisse	connût	qu'il connaisse
connaîtrions	connaissions	connussions	connaissons
connaîtriez	connaissiez	connussiez	connaissez
connaîtraient	connaissent	connussent	qu'ils connaissent

* { découdre, *to unsew, to rip up* }

coudrais	couse	cousisse	
coudrais	couses	cousisses	couds
coudrait	couse	cousît	qu'il couse
coudrions	cousions	cousissions	cousons
coudriez	cousiez	cousissiez	cousez
coudraient	cousent	cousissent	qu'ils cousent

* { contraindre, *to constrain*
 plaindre, *to pity*
 se plaindre, *to complain* }

craindrais	craigne	craignisse	
craindrais	craignes	craignisses	crains
craindrait	craigne	craignît	qu'il craigne
craindrions	craignions	craignissions	craignons
craindriez	craigniez	craignissiez	craignez
craindraient	craignent	craignissent	qu'ils craignent

* These verbs are conjugated like the verb in the same space

Croire, *to believe* **croyant cru je crois je crus**
(avoir cru)

Indicatif Présent	Imparfait	Passé Simple	Futur
Je crois	croyais	crus	croirai
Tu crois	croyais	crus	croiras
Il croit	croyait	crut	croira
Nous croyons	croyions	crûmes	croirons
Vous croyez	croyiez	crûtes	croirez
Ils croient	croyaient	crurent	croiront

Croître, *to grow* **croissant crû je croîs je crûs**
(avoir crû)

Je croîs	croissais	crûs	croîtrai
Tu croîs	croissais	crûs	croîtras
Il croît	croissait	crût	croîtra
Nous croissons	croissions	crûmes	croîtrons
Vous croissez	croissiez	crûtes	croîtrez
Ils croissent	croissaient	crûrent	croîtront

Dire, *to say, to tell* **disant dit je dis je dis**
(avoir dit)

Je dis	disais	dis	dirai
Tu dis	disais	dis	diras
Il dit	disait	dit	dira
Nous disons	disions	dîmes	dirons
Vous dites	disiez	dîtes	direz
Ils disent	disaient	dirent	diront

Ecrire, *to write* **écrivant écrit j'écris j'écrivis**
(avoir écrit)

J'écris	écrivais	écrivis	écrirai
Tu écris	écrivais	écrivis	écriras
Il écrit	écrivait	écrivit	écrira
Nous écrivons	écrivions	écrivîmes	écrirons
Vous écrivez	écriviez	écrivîtes	écrirez
Ils écrivent	écrivaient	écrivirent	écriront

Forms printed in bold type are the "Temps Primitifs" of the verb.

Conditionnel Présent	Subjonctif Présent	Subjonctif Imparfait	Impératif
croirais	croie	crusse	
croirais	croies	crusses	crois
croirait	croie	crût	qu'il croie
croirions	croyions	crussions	croyons
croiriez	croyiez	crussiez	croyez
croiraient	croient	crussent	qu'ils croient

* { accroître, *to increase*
décroître, *to decrease* }

Conditionnel Présent	Subjonctif Présent	Subjonctif Imparfait	Impératif
croîtrais	croisse	crûsse	
croîtrais	croisses	crûsses	croîs
croîtrait	croisse	crût	qu'il croisse
croîtrions	croissions	crûssions	croissons
croîtriez	croissiez	crûssiez	croissez
croîtraient	croissent	crûssent	qu'ils croissent

* { contredire, *to contradict*
prédire, *to foretell*
médire de, *to slander* }   The 2nd person plural of these verbs is "—disez"

Conditionnel Présent	Subjonctif Présent	Subjonctif Imparfait	Impératif
dirais	dise	disse	
dirais	dises	disses	dis
dirait	dise	dît	qu'il dise
dirions	disions	dissions	disons
diriez	disiez	dissiez	dites
diraient	disent	dissent	qu'ils disent

* { décrire, *to describe*
inscrire, *to inscribe* }   transcrire, *to transcribe*
souscrire, *to subscribe*

Conditionnel Présent	Subjonctif Présent	Subjonctif Imparfait	Impératif
écrirais	écrive	écrivisse	
écrirais	écrives	écrivisses	écris
écrirait	écrive	écrivît	qu'il écrive
écririons	écrivions	écrivissions	écrivons
écririez	écriviez	écrivissiez	écrivez
écriraient	écrivent	écrivissent	qu'ils écrivent

* These verbs are conjugated like the verb in the same space

Faire, *to make, to do* **faisant fait je fais je fis**
(avoir fait)

Indicatif Présent	Imparfait	Passé Simple	Futur
Je fais	faisais	fis	ferai
Tu fais	faisais	fis	feras
Il fait	faisait	fit	fera
Nous faisons	faisions	fîmes	ferons
Vous faites	faisiez	fîtes	ferez
Ils font	faisaient	firent	feront

Joindre, *to join* **joignant joint je joins je joignis**
(avoir joint)

Je joins	joignais	joignis	joindrai
Tu joins	joignais	joignis	joindras
Il joint	joignait	joignit	joindra
Nous joignons	joignions	joignîmes	joindrons
Vous joignez	joigniez	joignîtes	joindrez
Ils joignent	joignaient	joignirent	joindront

Lire, *to read* **lisant lu je lis je lus**
(avoir lu)

Je lis	lisais	lus	lirai
Tu lis	lisais	lus	liras
Il lit	lisait	lut	lira
Nous lisons	lisions	lûmes	lirons
Vous lisez	lisiez	lûtes	lirez
Ils lisent	lisaient	lurent	liront

Luire, *to shine* **luisant lui je luis**
(avoir lui)

Je luis	luisais		luirai
Tu luis	luisais		luiras
Il luit	luisait		luira
Nous luisons	luisions		luirons
Vous luisez	luisiez		luirez
Ils luisent	luisaient		luiront

Forms printed in bold type are the "Temps Primitifs" of the verb.

* satisfaire, *to satisfy*
* défaire, *to undo*

Conditionnel Présent	Subjonctif Présent	Subjonctif Imparfait	Impératif
ferais	fasse	fisse	
ferais	fasses	fisses	fais
ferait	fasse	fît	qu'il fasse
ferions	fassions	fissions	faisons
feriez	fassiez	fissiez	faites
feraient	fassent	fissent	qu'ils fassent

Notice the similarity between the conjugation of "joindre," "peindre" and "craindre."

joindrais	joigne	joignisse	
joindrais	joignes	joignisses	joins
joindrait	joigne	joignît	qu'il joigne
joindrions	joignions	joignissions	joignons
joindriez	joigniez	joignissiez	joignez
joindraient	joignent	joignissent	qu'ils joignent

* élire, *to elect*   relire, *to reread*
* réélire, *to re-elect*

lirais	lise	lusse	
lirais	lises	lusses	lis
lirait	lise	lût	qu'il lise
lirions	lisions	lussions	lisons
liriez	lisiez	lussiez	lisez
liraient	lisent	lussent	qu'ils lisent

* reluire, *to glitter, to shine*
* nuire (à), *to be harmful*—"Nuire" has also a Passé Simple: Je nuisis, etc. and a Subj. Imparf. je nuisisse, etc.

luirais	luise		
luirais	luises		
luirait	luise		
luirions	luisions		
luiriez	luisiez		
luiraient	luisent		

* These verbs are conjugated like the verb in the same space

Maudire, *to curse* **maudissant** **maudit** **je maudis**
(avoir maudit) **je maudis**

Indicatif Présent	Imparfait	Passé Simple	Futur
Je maudis	maudissais	maudis	maudirai
Tu maudis	maudissais	maudis	maudiras
Il maudit	maudissait	maudit	maudira
Nous maudissons	maudissions	maudîmes	maudirons
Vous maudissez	maudissiez	maudîtes	maudirez
Ils maudissent	maudissaient	maudirent	maudiront

Mettre, *to put* **mettant** **mis** **je mets** **je mis**
(avoir mis)

Je mets	mettais	mis	mettrai
Tu mets	mettais	mis	mettras
Il met	mettait	mit	mettra
Nous mettons	mettions	mîmes	mettrons
Vous mettez	mettiez	mîtes	mettrez
Ils mettent	mettaient	mirent	mettront

Moudre, *to grind* **moulant** **moulu** **je mouds**
(avoir moulu) **je moulus**

Je mouds	moulais	moulus	moudrai
Tu mouds	moulais	moulus	moudras
Il moud	moulait	moulus	moudra
Nous moulons	moulions	moulûmes	moudrons
Vous moulez	mouliez	moulûtes	moudrez
Ils moulent	moulaient	moulurent	moudront

Naître, *to be born* **naissant** **né** **je nais** **je naquis**
(être né)

Je nais	naissais	naquis	naîtrai
Tu nais	naissais	naquis	naîtras
Il naît	naissait	naquit	naîtra
Nous naissons	naissions	noquîmes	naîtrons
Vous naissez	naissiez	naquîtes	naîtrez
Ils naissent	naissaient	naquirent	naîtront

Forms printed in bold type are the "Temps Primitifs" of the verb.

Compare "maudire" and "dire"

Conditionnel Présent	Subjonctif Présent	Subjonctif Imparfait	Impératif
maudirais	maudisse	maudisse	
maudirais	maudisses	maudisses	maudis
maudirait	maudisse	maudît	qu'il maudisse
maudirions	maudissions	maudissions	maudissons
maudiriez	maudissiez	maudissiez	maudissez
maudiraient	maudissent	maudissent	qu'ils maudissent

* {
commettre, *to commit* omettre, *to omit*
permettre, *to permit* remettre, *to put off*,
promettre, *to promise* soumettre, *to submit*
}

mettrais	mette	misse	
mettrais	mettes	misses	mets
mettrait	mette	mît	qu'il mette
mettrions	mettions	missions	mettons
mettriez	mettiez	missiez	mettez
mettraient	mettent	missent	qu'ils mettent

Une machine *à moudre* le grain s'appelle *un moulin*

moudrais	moule	moulusse	
moudrais	moules	moulusses	mouds
moudrait	moule	moulût	qu'il moule
moudrions	moulions	moulussions	moulons
moudriez	mouliez	moulussiez	moulez
moudraient	moulent	moulussent	qu'ils moulent

* {
renaître, *to be reborn*
} Nouns derived from "naître"
la naissance, *the birth*
la renaissance, *rebirth, revival*

naîtrais	naisse	naquisse	
naîtrais	naisses	naquisses	nais
naîtrait	naisse	naquît	qu'il naisse
naîtrions	naissions	naquissions	naissons
naîtriez	naissiez	naquissiez	naissez
naîtraient	naissent	naquissent	qu'ils naissent

* These verbs are conjugated like the verb in the same space

Peindre, *to paint*   **peignant**   **peint**   **je peins**
(avoir peint)   **je peignis**

Indicatif Présent	Imparfait	Passé Simple	Futur
Je peins	peignais	peignis	peindrai
Tu peins	peignais	peignis	peindras
Il peint	peignait	peignit	peindra
Nous peignons	peignions	peignîmes	peindrons
Vous peignez	peigniez	peignîtes	peindrez
Ils peignent	peignaient	peignirent	peindront

Plaire, *to please*   **plaisant**   **plu**   **je plais**   **je plus**
(avoir plu)

Je plais	plaisais	plus	plairai
Tu plais	plaisais	plus	plairas
Il plaît	plaisait	plut	plaira
Nous plaisons	plaisions	plûmes	plairons
Vous plaisez	plaisiez	plûtes	plairez
Ils plaisent	plaisaient	plurent	plairont

Prendre, *to take*   **prenant**   **pris**   **je prends**   **je pris**
(avoir pris)

Je prends	prenais	pris	prendrai
Tu prends	prenais	pris	prendras
Il prend	prenait	prit	prendra
Nous prenons	prenions	prîmes	prendrons
Vous prenez	preniez	prîtes	prendrez
Ils prennent	prenaient	prirent	prendront

Résoudre, *to resolve*   **résolvant**   **résous**   **je résous**
(avoir résous)   (avoir résolu)   **résolu**   **je résolus**

Je résous	résolvais	résolus	résoudrai
Tu résous	résolvais	résolus	résoudras
Il résout	résolvait	résolut	résoudra
Nous résolvons	résolvions	résolûmes	résoudrons
Vous résolvez	résolviez	résolûtes	résoudrez
Ils résolvent	résolvaient	résolurent	résoudront

Forms printed in bold type are the "Temps Primitifs" of the verb.

*   atteindre, *to attain*   dépeindre, *to depict*
    éteindre, *to extinguish* enceindre, *to surround*
    teindre, *to dye*   feindre, *to feign*

Conditionnel Présent	Subjonctif Présent	Subjonctif Imparfait	Impératif
peindrais	peigne	peignisse	
peindrais	peignes	peignisses	peins
peindrait	peigne	peignît	qu'il peigne
peindrions	peignions	peignissions	peignons
peindriez	peigniez	peignissiez	peignez
peindraient	peignent	peignissent	qu'ils peignent

*   déplaire, *to displease*

plairais	plaise	plusse	
plairais	plaises	plusses	plais
plairait	plaise	plût	qu'il plaise
plairions	plaisions	plussions	plaisons
plairiez	plaisiez	plussiez	plaisez
plairaient	plaisent	plussent	qu'ils plaisent

*   apprendre, *to learn*   reprendre, *to resume*
    comprendre, *to understand* se méprendre, *to mistake*
    entreprendre, *to undertake* surprendre, *to surprise*

prendrais	prenne	prisse	
prendrais	prennes	prisses	prends
prendrait	prenne	prît	qu'il prenne
prendrions	prenions	prissions	prenons
prendriez	preniez	prissiez	prenez
prendraient	prennent	prissent	qu'ils prennent

*   dissoudre, *to dissolve*   The two past part. have different meanings:
    résolu, *resolved, decided*   to another
    résous, *resolved, changed from one chemical*

résoudrais	résolve	résolusse	
résoudrais	résolves	résolusses	résous
résoudrait	résolve	résolût	qu'il résolve
résoudrions	résolvions	résolussions	résolvons
résoudriez	résolviez	résolussiez	résolvez
résoudraient	résolvent	résolussent	qu'ils résolvent

* These verbs are conjugated like the verb in the same space

Rire, *to laugh*   **riant**   **ri**   **je ris**   **je ris**
(avoir ri)

Indicatif Présent	Imparfait	Passé Simple	Futur
Je ris	riais	ris	rirai
Tu ris	riais	ris	riras
Il rit	riait	rit	rira
Nous rions	riions	rîmes	rirons
Vous riez	riiez	rîtes	rirez
Ils rient	riaient	rirent	riront

Rompre, *to break*   **rompant**   **rompu**   **je romps**
(avoir rompu)   **je rompis**

Je romps	rompais	rompis	romprai
Tu romps	rompais	rompis	rompras
Il rompt	rompait	rompit	rompra
Nous rompons	rompions	rompîmes	romprons
Vous rompez	rompiez	rompîtes	romprez
Ils rompent	rompaient	rompirent	rompront

Suffire, *to suffice*   **suffisant**   **suffi**   **je suffis**   **je suffis**
(avoir suffi)

Je suffis	suffisais	suffis	suffirai
Tu suffis	suffisais	suffis	suffiras
Il suffit	suffisait	suffit	suffira
Nous suffisons	suffisions	suffîmes	suffirons
Vous suffisez	suffisiez	suffîtes	suffirez
Ils suffisent	suffisaient	suffîrent	suffiront

Suivre, *to follow*   **suivant**   **suivi**   **je suis**   **je suivis**
(avoir suivi)

Je suis	suivais	suivis	suivrai
Tu suis	suivais	suivis	suivras
Il suit	suivait	suivit	suivra
Nous suivons	suivions	suivîmes	suivrons
Vous suivez	suiviez	suivîtes	suivrez
Ils suivent	suivaient	suivirent	suivront

Forms printed in bold type are the "Temps Primitifs" of the verb.

* { sourire, *to smile*	Rira bien qui rira le dernier. *He laughs best who laughs last.*

Conditionnel Présent	Subjonctif Présent	Subjonctif Imparfait	Impératif
rirais	rie	risse	
rirais	ries	risses	ris
rirait	rie	rît	qu'il rie
ririons	riions	rissions	rions
ririez	riiez	rissiez	riez
riraient	rient	rissent	qu'ils rient

* { corrompre, *to corrupt* interrompre, *to interrupt*	"rompre" is a reg. verb of the 3rd conj. It has a "t" instead of a "d" in the 3rd per. sing.

romprais	rompe	rompisse	
romprais	rompes	rompisses	romps
romprait	rompe	rompît	qu'il rompe
romprions	rompions	rompissions	rompons
rompriez	rompiez	rompissiez	rompez
rompraient	rompent	rompissent	qu'ils rompent

Cela suffit, *that is sufficient*

suffirais	suffise	suffisse	
suffirais	suffises	suffisses	suffis
suffirait	suffise	suffît	qu'il suffise
suffirions	suffisions	suffissions	suffisons
suffiriez	suffisiez	suffissiez	suffisez
suffiraient	suffisent	suffissent	qu'ils suffisent

* { poursuivre, *to pursue*	

suivrais	suive	suivisse	
suivrais	suives	suivisses	suis
suivrait	suive	suivît	qu'il suive
suivrions	suivions	suivissions	suivons
suivriez	suiviez	suivissiez	suivez
suivraient	suivent	suivissent	qu'ils suivent

* These verbs are conjugated like the verb in the same space

Se taire, *to be silent*   se taisant   tu   je me tais
(s'être tu)   je me tus

Indicatif Présent	Imparfait	Passé Simple	Futur
Je me tais	me taisais	me tus	me tairai
Tu te tais	te taisais	te tus	te tairas
Ils se tait	se taisait	se tut	se taira
Nous nous taisons	nous taisions	nous tûmes	nous tairons
Vous vous taisez	vous taisiez	vous tûtes	vous tairez
Ils se taisent	se taisaient	se turent	se tairont

Traire, *to milk*   trayant   trait   je trais   ——————
(avoir trait)

Indicatif Présent	Imparfait	Passé Simple	Futur
Je trais	trayais		trairai
Tu trais	trayais		trairas
Il trait	trayait	None	traira
Nous trayons	trayions		trairons
Vous trayons	trayiez		trairez
Ils traient	trayaient		trairont

Vaincre, *to vanquish*   vainquant   vaincu   je vaincs
(avoir vaincu)   je vainquis

Indicatif Présent	Imparfait	Passé Simple	Futur
Je vaincs	vainquais	vainquis	vaincrai
Tu vaincs	vainquais	vainquis	vaincras
Il vainc	vainquait	vainquit	vaincra
Nous vainquons	vainquions	vainquîmes	vaincrons
Vous vainquez	vainquiez	vainquîtes	vaincrez
Ils vainquent	vainquaient	vainquirent	vaincront

Vivre, *to live*   vivant   vécu   je vis   je vécus
(avoir vécu)

Indicatif Présent	Imparfait	Passé Simple	Futur
Je vis	vivais	vécus	vivrai
Tu vis	vivais	vécus	vivras
Il vit	vivait	vécut	vivra
Nous vivons	vivions	vécûmes	vivrons
Vous vivez	viviez	vécûtes	vivrez
Ils vivent	vivaient	vécurent	vivront

Forms printed in bold type are the "Temps Primitifs" of the verb.

Vous taisez-vous toujours quand vous n'avez rien à dire?
Do you always keep still when you have nothing to say?

Conditionnel Présent	Subjonctif Présent	Subjonctif Imparfait	Impératif
me tairais	me taise	me tusse	
te tairais	te taises	te tusses	tais-toi
se tirait	se taise	se tût	qu'il se taise
nous tairions	nous taisions	nous tussions	taisons-nous
vous tairiez	vous taisiez	vous tussiez	taisez-vous
se tairaient	se taisent	se tussent	qu'ils se taisent

* { attraire, *to attract*
distraire, *to distract*
extraire, *to extract* }

trairais	traie		
trairais	traies		trais
trairait	traie	None	qu'il traie
trairions	trayions		trayons
trairiez	trayiez		trayez
trairaient	traient		qu'il traient

* { convaincre, *to convince* }   Observe that there is no "t" in the third person singular of the present tense.

vaincrais	vainque	vainquisse	
vaincrais	vainques	vainquisses	vaincs
vaincrait	vainque	vainquît	qu'il vainque
vaincrions	vainquions	vainquissions	vainquons
vaincriez	vainquiez	vainquissiez	vainquez
vaincraient	vainquent	vainquissent	qu'ils vainquent

* { revivre, *to revive, to live again*
survivre, *to survive* }

vivrais	vive	vécusse	
vivrais	vives	vécusses	vis
vivrait	vive	vécût	qu'il vive
vivrions	vivions	vécussions	vivons
vivriez	viviez	vécussiez	vivez
vivraient	vivent	vécussent	qu'ils vivent

* These verbs are conjugated like the verb in the same space

| S'asseoir, *to sit down* | s'asseyant | assis | je m'assieds |
| (s'être assis) | | | je m'assis |

Indicatif Présent	Imparfait	Passé Simple	Futur
Je m'assieds	m'asseyais	m'assis	m'assiérai
Tu t'assieds	t'asseyais	t'assis	t'assiéras
Il s'assied	s'asseyait	s'assit	s'assiéra
Nous nous asseyons	nous asseyions	nous assîmes	nous assiérons
Vous vous asseyez	vous asseyiez	vous assîtes	vous assiérez
Ils s'asseyent	s'asseyaient	s'assirent	s'assiéront

| déchoir, *to decay, to fall off* | | ——— | déchu |
| (avoir déchu) (être déchu) | | je déchois | je déchus |

Je déchois		déchus	décherrai
Tu déchois		déchus	décherras
Il déchoit		déchut	décherra
Nous déchoyons		déchûmes	décherrons
Vous déchoyez		déchûtes	décherrez
Ils déchoient		déchurent	décherront

| Devoir, *to owe* | devant | dû | je dois | je dus |
| (avoir dû) | | | | |

Je dois	devais	dus	devrai
Tu dois	devais	dus	devras
Il doit	devait	dut	devra
Nous devons	devions	dûmes	devrons
Vous devez	deviez	dûtes	devrez
Ils doivent	devaient	durent	devront

| Falloir, *to be necessary* | ——— | fallu | il faut |
| (avoir fallu) | | | il fallut |

An impersonal verb. It is conjugated in the 3rd person singular only.

Il faut	Il fallait	Il fallut	Il faudra

Forms printed in bold type are the "Temps Primitifs" of the verb.

"S'asseoir" has two additional forms for the Futur and Conditionnel.   Je m'asseyerai and je m'assoirai, etc.

Conditionnel Présent	Subjonctif Présent	Subjonctif Imparfait	Impératif
m'assiérais	m'asseye	m'assisse	
t'assiérais	t'asseyes	t'assisses	assieds-toi
s'assiérait	s'asseye	s'assît	qu'il s'asseye
nous assiérions	nous asseyions	nous assissions	asseyons-nous
vous assiériez	vous asseyiez	vous assissiez	asseyez-vous
s'assiéraient	s'asseyent	s'assissent	qu'ils s'asseyent

Notice that "déchoir" has no Present Participle.

décherrais	déchoie	déchusse	
décherrais	déchoies	déchusses	déchois
décherrait	déchoie	déchût	qu'il déchoie
décherrions	déchoyions	déchussions	déchoyons
décherriez	déchoyiez	déchussiez	déchoyez
décherraient	déchoient	déchussent	qu'ils déchoient

"Devoir" is a very important verb.   It has many meanings when used as a modal auxiliary with the infinitive of another verb.   See page 72.

devrais	doive	dusse	
devrais	doives	dusses	dois
devrait	doive	dût	qu'il doive
devrions	devions	dussions	devons
devriez	deviez	dussiez	devez
devraient	doivent	dussent	qu'ils doivent

Some ways of using "falloir":   Il me faut de l'argent. *I need some money.*
Il faut que j'aille. *It is necessary that I go.*
* s' en falloir, *to be far from*

Il faudrait	qu'il faille	qu'il fallût	

* These verbs are conjugated like the verb in the same space

Mouvoir, *to move*   **mouvant**   **mû**   **je meus**   **je mus**
(avoir mû)

Indicatif Présent	Imparfait	Passé Simple	Futur
Je meus	mouvais	mus	mouvrai
Tu meus	mouvais	mus	mouvras
Il meut	mouvait	mut	mouvra
Nous mouvons	mouvions	mûmes	mouvrons
Vous mouvez	mouviez	mûtes	mouvrez
Ils meuvent	mouvaient	murent	mouvront

Pleuvoir, *to rain*   **pleuvant**   **plu**   **il pleut**   **il plut**
(avoir plu)

Il pleut	Il pleuvait	Il plut	Il pleuvra

Pourvoir, *to provide*   **pourvoyant**   **pourvu**   **je pourvois**
(avoir pourvu)   je pourvus

Je pourvois	pourvoyais	pourvus	pourvoirai
Tu pourvois	pourvoyais	pourvus	pourvoiras
Il pourvoit	pourvoyait	pourvut	pourvoira
Nous pourvoyons	pourvoyions	pourvûmes	pourvoirons
Vous pourvoyez	pourvoyiez	pourvûtes	pourvoirez
Ils pourvoient	pourvoyaient	pourvurent	pourvoiront

Pouvoir, *to be able*   **pouvant**   **pu**   **je peux**   **je pus**
(avoir pu)   je puis

Je peux	pouvais	pus	pourrai
Tu peux	pouvais	pus	pourras
Il peut	pouvait	put	pourra
Nous pouvons	pouvions	pûmes	pourrons
Vous pouvez	pouviez	pûtes	pourrez
Ils peuvent	pouvaient	purent	pourront

Forms printed in bold type are the "Temps Primitifs" of the verb.

OIR VERBS

$*\begin{cases}\text{émouvoir, } to\ move, in\ the\ sense\ of,\ to\ stir\ the\ emotions\\ \text{promouvoir, } to\ promote\end{cases}$

Conditionnel Présent	Subjonctif Présent	Subjonctif Imparfait	Impératif
mouvrais	meuve	musse	
mouvrais	meuves	musses	meus
mouvrait	meuve	mût	qu'il meuve
mouvrions	mouvions	mussions	mouvons
mouvriez	mouviez	mussiez	mouvez
mouvraient	meuvent	mussent	qu'ils meuvent

An Impersonal Verb, used only in the third person singular

Il pleuvrait	qu'il pleuve	qu'il plût	

$*\begin{cases}\text{dépourvoir, } to\ leave\ destitute,\ to\ strip\end{cases}$

pourvoirais	pourvoie	pourvusse	
pourvoirais	pourvoiès	pourvusses	pourvois
pourvoirait	pourvoie	pourvût	qu'il pourvoie
pourvoirions	pourvoyions	pourvussions	pourvoyons
pourvoiriez	pourvoyiez	pourvussiez	pourvoyez
pourvoiraient	pourvoient	pourvussent	qu'ils pourvoient

"Pouvoir" is always followed by a direct infinitive.

pourrais	puisse	pusse	
pourrais	puisses	pusses	
pourrait	puisse	pût	
pourrions	puissions	pussions	
pourriez	puissiez	pussiez	
pourraient	puissent	pussent	

ª These verbs are conjugated like the verb in the same space

Prévoir, *to foresee* **prévoyant prévu je prévois**
(avoir prévu) **je prévis**

Indicatif Présent	Imparfait	Passé Simple	Futur
Je prévois	prévoyais	prévis	prévoirai
Tu prévois	prévoyais	prévis	prévoiras
Il prévoit	prévoyait	prévit	prévoira
Nous prévoyons	prévoyions	prévîmes	prévoirons
Vous prévoyez	prévoyiez	prévîtes	prévoirez
Ils prévoient	prévoyaient	prévirent	prévoiront

Recevoir, *to receive* **recevant reçu je reçois**
(avoir reçu) **je reçus**

Je reçois	recevais	reçus	recevrai
Tu reçois	recevais	reçus	recevras
Il reçoit	recevait	reçut	recevra
Nous recevons	recevions	reçûmes	recevrons
Vous recevez	receviez	reçûtes	recevrez
Ils reçoivent	recevaient	reçurent	recevront

Savoir, *to know* **sachant su je sais je sus**
(avoir su)

Je sais	savais	sus	saurai
Tu sais	savais	sus	sauras
Il sait	savait	sut	saura
Nous savons	savions	sûmes	saurons
Vous savez	saviez	sûtes	saurez
Ils savent	savaient	surent	sauront

Valoir, *to be worth* **valant valu je vaux je valus**
(avoir valu)

Je vaux	valais	valus	vaudrai
Tu vaux	valais	valus	vaudras
Il vaut	valait	valut	vaudra
Nous valons	valions	valûmes	vaudrons
Vous valez	valiez	valûtes	vaudrez
Ils valent	valaient	valurent	vaudront

Forms printed in bold type are the "Temps Primitifs" of the verb.

"Prévoir" is like "voir" in all tenses except in the
"Futur" and the Conditionnel"

Conditionnel Présent	Subjonctif Présent	Subjonctif Imparfait	Impératif
prévoirais	prévoie	prévisse	
prévoirais	prévoies	prévisses	prévois
prévoirait	prévoie	prévît	qu'il prévoie
prévoirions	prévoyions	prévissions	prévoyons
prévoiriez	prévoyiez	prévissiez	prévoyez
prévoiraient	prévoient	prévissent	qu'ils prévoient

* { s'apercevoir de, *to notice* décevoir, *to deceive*
concevoir, *to conceive* }

recevrais	reçoive	reçusse	
recevrais	reçoives	reçusses	reçois
recevrait	reçoive	reçût	qu'il reçoive
recevrions	recevions	reçussions	recevons
recevriez	receviez	reçussiez	recevez
recevraient	reçoivent	reçussent	qu'ils reçoivent

"Savoir" followed by a direct infinitive is used instead of "pouvoir" in
the sense of "to be able" "to know how to."
Je *sais* chanter, mais je ne *peux* pas chanter aujourd'hui.

saurais	sache	susse	
saurais	saches	susses	sache
saurait	sache	sût	qu'il sache
saurions	sachions	sussions	sachons
sauriez	sachiez	sussiez	sachez
sauraient	sachent	sussent	qu'ils sachent

* { prévaloir, *to prevail* (the Present Subjunctive is
"prevale.")
équivaloir, *to be equivalent* }

vaudrais	vaille	valusse	
vaudrais	vailles	valusses	vaux
vaudrait	vaille	valût	qu'il vaille
vaudrions	valions	valussions	valons
vaudriez	valiez	valussiez	valez
vaudraient	vaillent	valussent	qu'ils vaillent

* These verbs are conjugated like the verb in the same space

Voir, *to see*   **voyant**   **vu**   **je vois**   **je vis**
(avoir vu)

Indicatif Présent	Imparfait	Passé Simple	Futur
Je vois	voyais	vis	verrai
Tu vois	voyais	vis	verras
Il voit	voyait	vit	verra
Nous voyons	voyions	vîmes	verrons
Vous voyez	voyiez	vîtes	verrez
Ils voient	voyaient	virent	verront

Vouloir, *to wish*   **voulant**   **voulu**   **je veux**   **je voulus**
(avoir voulu)

Je veux	voulais	voulus	voudrai
Tu veux	voulais	voulus	voudras
Il veut	voulait	voulut	voudra
Nous voulons	voulions	voulûmes	voudrons
Vous voulez	vouliez	voulûtes	voudrez
Ils veulent	voulaient	voulurent	voudront

Y avoir, *there to be* (An impersonal verb)

Ind. Prés.	Il y a	*There is, there are*
	Il n'y a pas	*There isn't, there aren't*
	Y a-t-il?	*Is there, are there?*
	N'y a-t-il pas?	*Isn't there, aren't there?*
Imparf.	Il y avait	*There was, there were*
Pas. Simp.	Il y eut	*There was, there were*
Fut.	Il y aura	*There will be*

Forms printed in bold type are the "Temps Primitifs" of the verb.

Voir, c'est, croire. *Seeing is believing.*

Conditionnel Présent	Subjonctif Présent	Subjonctif Imparfait	Impératif
verrais	voie	visse	
verrais	voies	visses	vois
verrait	voie	vît	qu'il voie
verrions	voyions	vissions	voyons
verriez	voyiez	vissiez	voyez
verraient	voient	vissent	qu'ils voient

"Vouloir" has two forms for the Impératif. The most common use for the second form is in making a polite request.
Veuillez fermer la porte! *Kindly close the door!*

voudrais	veuille	voulusse	
voudrais	veuilles	voulusses	veux, veuille
voudrait	veuille	voulût	qu'il veuille
voudrions	voulions	voulussions	voulons, veuillons
voudriez	vouliez	voulussiez	voulez, veuillez
voudraient	veuillent	voulussent	qu'ils veuillent

Cond.	Il y aurait	*There would be*
Subj. Prés.	qu'il y ait	*that there may be*
Subj. Imparf.	qu'il y eût	*that there might be*
Pas. Comp.	Il y a eu	*There has been*
Plus. que Parf.	Il y avait eu	*There had been*
Pas. Ant.	Il y eut eu	*There had been*
Fut. Ant.	Il y aura eu	*There will have been*
Cond. Pas.	Il y aurait eu	*There would have been*
Subj. Pas.	qu'il y ait eu	*that there may have been*
Subj. Pl. que Parf.	qu'il y eût eu	*that there might have been*

* These verbs are conjugated like the verb in the same space

ENDINGS OF THE THREE

Conjuga-sion	Infini-tif	Participe Présent	Participe Passé	Pronom Sujet	Indicatif Présent	Imparfait
1	er	ant	é	je tu il, elle nous vous ils, elles	e es e ons ez ent	ais ais ait ions iez aient
2	ir	issant	i	je tu il, elle nous vous ils, elles	is is it issons issez issent	issais issais issait issions issiez issaient
3	re	ant	u	je tu il, elle nous vous ils, elles	s s d ons ez ent	ais ais ait ions iez aient
	oir		s t		s s t ons ez ent	Irregular verbs may have any of the above endings. There

Exceptions in the Indicatif Présent

Je peux   tu peux (pouvoir)   Ils ont (avoir)   Vous êtes (être)
Je veux, tu veux (vouloir)   Ils sont (être)   Vous dites (dire)
Je vaux, tu vaux (valoir)   Ils vont (aller)   Vous faites (faire)
Je faux, tu faux (faillir)   Ils font (faire)

* The "r" is really a part of the radical, not of the ending but is

REGULAR CONJUGATIONS

Passé Simple	Futur	Conditinnel Présent	Subjonctif Présent	Subjonctif Imparfait	Impératif
ai	*rai	*rais	e	asse	
as	ras	rais	es	asses	e
a	ra	rait	e	ât	e
âmes	rons	rions	ions	assions	ons
âtes	rez	riez	iez	assiez	ez
èrent	ront	raient	ent	assent	ent
is	rai	rais	isse	isse	
is	ras	rais	isses	isses	is
it	ra	rait	isse	ît	isse
îmes	rons	rions	issions	issions	issons
îtes	rez	riez	issiez	issiez	issez
irent	ront	raient	issent	issent	issent
is	rai	rais	e	isse	
is	ras	rais	es	isses	s
it	ra	rait	e	ît	e
îmes	rons	rions	ions	issions	ons
îtes	rez	riez	iez	issiez	ez
irent	ront	raient	ent	issent	ent

is the following additional set of endings that are found in some irregular verbs. The Principal Parts will indicate which set of endings are to be used.

us				usse	
us				usses	
ut				ût	
ûmes				ussions	
ûtes				ussiez	
urent				ussent	

J'ai (avoir)   Il vainc (vaincre)
Il a (avoir)   Nous sommes (être)

Exceptions in the Passé Simple

Je tins—vins   Nous tînmes—vînmes   ⎰ tenir
Tu tins—vins   Vous tîntes—vîntes   *and*
Il tint—vint   Ils tinrent—vinrent   ⎱ venir

included here as an aid to a more rapid recognition of this tense.

LES TEMPS PRIMITIFS	Tenses "Derived" from the "Temps Primitifs"	
1. INFINITIF finir *to finish*	**FUTUR** *I shall finish*	
	Je finirai	Nous finirons
	Tu finiras	Vous finirez
	Il finira	Ils finiront
2. PARTICIPE PRÉSENT finissant *finishing*	**IMPARFAIT** *I was finishing, I used to finish*	
	Je finissais	Nous finissions
	Tu finissais	Vous finissiez
	Il finissait	Ils finissaient
3. PARTICIPE PASSÉ fini *finished*	**PASSÉ COMPOSÉ** *I have finished, I finished*	
	J'ai fini	Nous avons fini
	Tu as fini	Vous avez fini
	Il a fini	Ils ont fini·
	PLUS-QUE-PARFAIT *I had finished*	
	J'avais fini	Nous avions fini
	Tu avais fini	Vous aviez fini
	Il avait fini	Ils avaient fini
	PASSÉ ANTÉRIEUR *I had finished*	
	J'eus fini	Nous eûmes fini
	Tu eus fini	Vous eûtes fini
	Il eut fini	Ils eurent fini
	FUTUR ANTÉRIEUR *I shall have finished*	
	J'aurai fini	Nous aurons fini
	Tu auras fini	Vous aurez fini
	Il aura fini	Ils auront fini
4. INDICATIF PRÉSENT Je finis *I finish*	**PRÉSENT** *I finish, I do finish, I am finishing*	
	Je finis	Nous finissons
	Tu finis	Vous finissez }†
	Il finit	Ils finissent
5. PASSÉ SIMPLE Je finis *I finished*	**PASSÉ SIMPLE** *I finished*	
	Je finis	Nous finîmes
	Tu finis	Vous finîtes
	Il finit	Ils finirent

† See note above under "Participe Présent"

Complete Conjugation, with translations

CONDITIONNEL PRÉSENT
I should finish

Je finirais	Nous finirions
Tu finirais	Vous finiriez
Il finirait	Ils finiraient

PRÉSENT du SUBJONCTIF
* *that I finish*

que je finisse	que nous finissions
que tu finisses	que vous finissiez
qu'il finisse	qu'ils finissent

Indic. Prés. Pluriel
Note. The plural of the Présent and the Impératif also are formed from the stem of the "Participe Présent". See below in space No. 4 under Indicatif Présent.

CONDITIONNEL PASSÉ
I should have finished

J'aurais fini	Nous aurions fini
Tu aurais fini	Vous auriez fini
Il aurait fini	Ils auraient fini

PASSÉ du SUBJONCTIF
* *that I finished*

que j'aie fini	que nous ayons fini
que tu aies fini	que vous ayez fini
qu'il ait fini	qu'ils aient fini

PLUS-QUE-PARFAIT du SUBJONCTIF
* *that I had finished*

que j'eusse fini	que nous eussions fini
que tu eusses fini	que vous eussiez fini
qu'il eût fini	qu'ils eussent fini

† IMPÉRATIF

	finissons, *let us finish*
finis, *finish*	finissez, *finish*
qu'il finisse, *let him finish*	qu'ils finissent, *let them finish*

IMPARFAIT du SUBJONCTIF
* *that I finish*

que je finisse	que nous finissions
que tu finisses	que vous finissiez
qu'il finît	qu'il finissent

*The Subjunctive cannot be translated with accuracy apart from the context. The translation given here will fit in the majority of the cases in which the Subjunctive is used.

Conjugation in Affirmative, Negative, Interrogative
Model in one Simple and one Compound Tense
Parler, *to speak*

Affirmatif

Indicatif Présent	Passé Composé	Impératif
Je parle	J'ai parlé	parle
I speak	*I have. spoken*	*speak*
Tu parles	Tu as parlé	parlons
Il parle	Il a parlé	*let us speak*
Nous parlons	Nous avons parlé	parlez
Vous parlez	Vous avez parlé	*speak*
Ils parlent	Ils ont parlé	

Négatif

Je ne parle pas	Je n'ai pas parlé	ne parle pas
I do not speak	*I have not spoken*	*don't speak*
Tu ne parles pas	Tu n'as pas parlé	ne parlons pas
Il ne parle pas	Il n'a pas parlé	*let us not speak*
Nous ne parlons pas	Nous n'avons pas parlé	ne parlez pas
Vous ne parlez pas	Vous n'avez pas parlé	*don't speak*
Ils ne parlent pas	Ils n'ont pas parlé	

Interrogatif

Est-ce que je parle?	Ai-je parlé?
Do I speak?	*Have I spoken?*
Parles-tu?	As-tu parlé?
Parle-t-il?	A-t-il parlé?
Parlons-nous?	Avons-nous parlé?
Parlez-vous?	Avez-vous parlé?
Parlent-ils?	Ont-ils parlé?

Négatif-Interrogatif

Est-ce que je ne parle pas? *Don't I speak?*	N'ai-je pas parlé? *Haven't I spoken?*
Ne parles-tu pas?	N'as-tu pas parlé?
Ne parle-t-il pas?	N'a-t-il pas parlé?
Ne parlons-nous pas?	N'avons-nous pas parlé?
Ne parlez-vous pas?	N'avez-vous pas parlé?
Ne parlent-ils pas?	N'ont-ils pas parlé?

NEGATION

Negation, in French, is expressed by two words, **ne,** and **a** second word which may be either **pas, point, jamais** or any of the words given in the list below.

List of French Negatives

ne . . . . . pas, *not*	ne . . . . . aucun, *no, not any*
ne . . . . point, *not at all*	ne . . . . . personne, *nobody*
ne . . . . jamais, *never*	ne . . . . . nulle part, *nowhere*
ne . . . . plus, *no more,*	ne . . ni . ni, *neither; nor*
ne . . . . . guère, *scarcely*	ne . . . . . . pas encore, *not yet*
ne . . . . . que, *only*	ne . . . . . plus jamais, *never anymore*
ne . . . . . rien, *nothing*	ne . . . . . plus rien, *nothing any more*
ne . . . . . nul, *no, not any*	etc.

1. In the Simple Tenses the **ne** comes before the verb and the second part of negative after the verb. In the Compound Tenses the **ne** comes before the auxiliary and the **pas, point,** or **jamais,** etc. comes after the auxiliary. If there is a pronoun object before the verb the **ne** comes **before** the **pronoun.**

   Je ne vois pas Jean. *I don't see John.*
   Je ne vois point Jean. *I don't see John at all.*
   Je n'ai pas vu Jean. *I haven't seen John.*
   Je n'ai point vu Jean. *I haven't seen John at all.*

2. **Personne, aucun, nul, nulle part** and **que** are placed **after the Past Participle** in the Compound Tenses.

   Je n'ai vu personne. *I saw nobody.*
   Je ne suis allé nulle part. *I went nowhere.*
   Je n'ai vu que Marie. *I saw only Mary.*

3. When **personne, rien, aucun,** and **nul** are the subject of a verb they are placed at the beginning of the sentence and **ne** is placed before the verb.

   Personne n'est venu. *Nobody came.*
   Rien n'est arrivé. *Nothing happened.*
   Aucun garçon n'a parlé. *Not a boy spoke.*

4. **Ni . . . ni . . . .**

   Je n'ai ni parlé, ni écrit à Louise.
   I have neither spoken nor written to Louise.
   Je n'ai parlé, ni à Marie, ni à Jean.
   I have spoken neither to Mary nor to John.
   Ni Marie, ni Jean n'a parlé.
   Neither Mary nor John has spoken.

5. With an Infinitive both parts of the negative are usually placed before the verb.

   Il leur a dit de ne pas parler. *He told them not to speak.*
   Je lui ai dit de ne jamais se battre. *I told him never to fight.*

VERBS CONJUGATED WITH "ÊTRE"

Model in Compound Tenses

Aller, *to go*

Passé Composé I have gone	Plus-que-parfait I had gone	Passé Antérieur I had gone
Je suis allé	J'étais allé	Je fus allé
Tu es allé	Tu étais allé	Tu fus allé
Il est allé	Il était allé	Il fut allé
Elle est allée	Elle était allée	Elle fut allée
Nous sommes allés	Nous étions allés	Nous fûmes allés
Vous êtes allé(s)	Vous étiez allé(s)	Vous fûtes allé(s)
Ils sont allés	Ils étaient allés	Ils furent allés
Elles sont allées	Elles étaient allées	Elles furent allées

Futur Antérieur I shall have gone	Conditionnel Passé I should have gone
Je serai allé	Je serais allé
Tu seras allé	Tu serais allé
Il sera allé	Il serait allé
Elle sera allée	Elle serait allée
Nous serons allés	Nous serions allés
Vous serez allé(s)	Vous seriez allé(s)
Ils seront allés	Ils seraient allés
Elles seront allées	Elles seraient allées

Passé du Subjonctif that I went	Plus-que-par du Subjonctif that I had gone
que je sois allé	que je fusse allé
que tu sois allé	que tu fusses allé
qu'il soit allé	qu'il fût allé
qu'elle soit allée	qu'elle fût allée
que nous soyons allés	que nous fussions allés
que vous soyez allé(s)	que vous fussiez allé(s)
qu'ils soient allés	qu'ils fussent allés
qu'elles soient allées	qu'elles fussent allées

RULES

1. All Reflexive verbs are conjugated with "être" in their Compound Tenses.
2. Verbs in the Passive Voice are conjugated with "être" in *all* the tenses—Simple and Compound. See Model on Page 62.
3. About twenty verbs are either always conjugated with "être" or they are conjugated with "être" when they are used as Intransitive Verbs and with "avoir" when they are used as Transitive Verbs. In the lists below are the **most common verbs conjugated with "être."**

A

aller, *to go*
arriver, *to arrive*
devenir, *to become*
mourir, *to die*
naître, *to be born*
*partir, *to depart*
*rester, *to remain*
revenir, *to come back*
*tomber, *to fall*
venir, *to come*

Always conjugated with "être"

B

descendre, *to go down*
entrer, *to enter*
monter, *to go up*
rentrer, *to come in again*
retourner, *to go back*
sortir, *to go out*

Conjugated with "être", when used as **Intransitive** verbs.

Verbs in Group B, however, may also be used as Transitive Verbs, that is, they may be followed by a Direct Object. As Transitive Verbs they must be conjugated with "avoir." Their meaning changes too, as follows:

descendre, *to take down*
rentrer, *to bring in*
retourner, *to send back*

monter, *to carry up, to raise*
sortir, *to take out of*

NOTE.—"**Descendre**" and "**monter**" are used with "avoir" in the following cases where they are intransitive in meaning but transitive in form:—

J'ai monté (descendu) l'escalier.
I went up (went down) the stairway.
Il a descendu (a monté) le Rhone.
He went down (went up) the Rhone.

The same rule would apply to such words as **rue**, *street*, **colline**, *hill*, **fleuve**, *river*, etc.

*In rare cases when action is stressed, it may take "avoir".

MODEL OF CONJUGATION

Etre puni, *to be punished*   **étant puni,** *being punished*
(avoir été puni)   **été puni,** *been punished*

Simple Tenses

Indicatif Présent	Imparfait	Passé Simple	Futur
I am punished	**I was punished*	*I was punished*	*I shall be punished*
Je suis puni	étais puni	fus puni	serai puni
Tu es puni	étais puni	fus puni	seras puni
Il est puni	était puni	fut puni	sera puni
Elle est punie	était punie	fut punie	sera punie
Nous sommes punis	étions punis	fûmes punis	serons punis
Vous êtes **puni(s)**	étiez puni(s)	fûtes puni(s)	serez puni(s)
Ils sont punis	étaient punis	furent punis	seront punis
Elles sont punies	étaient punies	furent punies	seront punies

Compound Tenses

Passé Composé	Plus-que-Parfait	Passé Antérieur
I have been punished	*I had been punished*	*I had been punished*
J'ai été puni	avais été puni	eus. été puni
Tu as été puni	avais été puni	eus été puni
Il a été puni	avait été puni	eut été puni
Elle a été punie	avait été punie	eut été punie
Nous avons été punis	avions été punis	eûmes été punis
Vous avez été puni(s)	avaiez été puni(s)	eûtes été puni(s)
Ils ont été punis	avaient été punis	eurent été punis
Elles ont été punies	avaient été punies	eurent été punies

The Passive Verb

1. WHEN IS A VERB PASSIVE?

The Passive form exists only in Transitive Verbs, i.e. verbs that can be followed by a direct object. Such a verb can be either in the Active or the Passive form. Any Active verb may be changed to the Passive form by making the Direct Object of the verb, the Subject and by joining the past participle of the verb to the tenses of the verb "to be".

> Active.—The teacher punishes the boy.
> Passive—The boy is punished by the teacher.

Thus, even in the present tense which is a simple tense, the auxiliary "to be" forms a part of the tense.

In the above conjugation the auxiliary "être" is used throughout the entire conjugation and the only form of the verb "punir" which appears is the Past Participle. The Compound Tenses have two Past

---

*Translated also, I was being punished and I used to be punished.

OF A PASSIVE VERB

Je suis puni, *I am punished*   **Je fus puni,** *I was punished*

Simple Tenses

Conditionnel Présent	Subjonctif Présent	Subjonctif Imparfait	Impératif
I should be punished	*	*	
serais puni	sois puni	fusse puni	
serais puni	sois puni	fusses puni	sois puni
serait puni	soit puni	fût puni	qu'il soit puni
serait punie	soit punie	fût punie	qu'elle soit punie
serions punis	soyons punis	fussions punis	soyons punis
seriez puni(s)	soyez puni(s)	fussiez puni(s)	soyez puni(s)
seraient punis	soient punis	fussent· punis	qu'ils soient punis
seraient punies	soient punies	fussent punies	qu'elles soient punies

Compound Tenses

Futur Antérieur	Conditionnel Passé	Subjonctif Passé	Subjonctif Plus-que-Parfait
I shall have been punished	*I should have been punished*	*	*
aurai été puni	aurais été puni	aie été puni	eusse été puni
auras été puni	aurais été puni	aies été puni	eusses été puni
aura été puni	aurait été puni	ait été puni	eût été puni
aura été punie	aurait été punie	ait été puni	eût été punie
aurons été punis	aurions été punis	ayons été punis	eussions été punis
aurez été puni(s)	auriez été puni(s)	ayez été puni(s)	eussiez été puni(s)
auront été punis	auraient été punis	aient été punis	eussent été punis
auront été punies	auraient été punies	aient été punies	eussent été punies

Participles. Do not confuse the Passive verb with the few Intransitive verbs that are conjugated with "être" in their Compound Tenses.

II. USE OF THE PASSIVE.
1. The French language does not make use of the Passive verb to the same extent as does the English. It is important to remember this, in order to avoid getting into the habit of using the Passive to the exclusion of other, more common constructions, given below which take the place of the Passive in French.
2. Substitutes for the Passive in French:
a. The Indefinite Pronoun "On".
On m'a dit qu'il travaillait.
I was told that he was working.
On voit ces gens partout.
These people are seen everywhere.
b. The Reflexive Verb, when the subject is inanimate.
Cela ne se fait pas ici. *That isn't done here.*

MODEL OF REFLEXIVE VERB
(Conjugated in one Simple and one Compound Tense)

Se coucher, *to go to bed*   **se couchant**   **couché**
(s'être couché)

Affirmatif

Indic. Présent	Passé Composé
Je me couche	Je me suis couché
Tu te couches	Tu t'es couché
Il se couche	Il s'est couché
Elle se couche	Elle s'est couchée
Nous nous couchons	Nous nous sommes couchés
Vous vous couchez	Vous vous êtes couché(s)
Ils se couchent	Ils se sont couchés
Elles se couchent	Elles se sont couchées

Négatif

Je ne me couche pas	Je ne me suis pas couché
Tu ne te couches pas	Tu ne t'es pas couché
Il ne se couche pas	Il ne s'est pas couché
Elle ne se couche pas	Elle ne s'est pas couchée
Nous ne nous couchons pas	Nous ne nous sommes pas couchés
Vous ne vous couchez pas	Vous ne vous êtes pas couché(s)
Ils ne se couchent pas	Ils ne se sont pas couchés
Elles ne se couchent pas	Elles ne se sont pas couchées

Impératif

Affirmatif	Négatif
Couche-toi!	Ne te couche pas!
Couchons-nous!	Ne nous couchons pas!
Couchez-vous!	Ne vous couchez pas!

Observations on Reflexive Verbs

A Reflexive Verb is a verb which has a pronoun object, *direct or indirect*, that represents the same person or thing as the subject. In the compound tenses the reflexive verb is conjugated with "être". The past participle of the verb agrees in gender and number with the reflexive object pronoun *if that object is a direct object.* If the reflexive pro-

je me couche   **je me couchai**

Interrogatif

Indic. Présent	Passé Composé
Est-ce que je me couche?	Me suis-je couché?
Te couches-tu?	T'es-tu couché?
Se couche-t-il?	S'est-il couché?
Se couche-t-elle?	S'est-elle couchée?
Nous couchons-nous?	Nous sommes-nous couchés?
Vous couchez-vous?	Vous êtes-vous couché(s)?
Se couchent-ils?	Se sont-ils couchés?
Se couchent-elle?	Se sont-elles couchées?

Négatif-Interrogatif

Est-ce que je ne me couche pas?	Ne me suis-je pas couché?
Ne te couches-tu pas?	Ne t'es-tu pas couché?
Ne se couche-t-il pas?	Ne s'est-il pas couché?
Ne se couche-t-elle pas?	Ne s'est-elle pas couchée?
Ne nous couchons-nous pas?	Ne nous sommes-nous pas couchés?
Ne vous couchez-vous pas?	Ne vous êtes-vous pas couché(s)?
Ne se couchent-ils pas?	Ne se sont-ils pas couchés?
Ne se couchent-elle pas?	Ne se sont-elles pas couchées?

noun is an indirect object the past participle remains unchanged.

Direct Object	**Indirect Object**
Elle s'est amusée.	Elle s'est parlé.
She amused herself.	*She spoke to herself.*

Among the more commonly used reflexive verbs are the following:

s'amuser, *to amuse oneself*	s'endormir, *to fall asleep*
s'apercevoir de, *to notice*	s'enfuir, *to flee*
s'appeler, *to be called*	se figurer, *to imagine*
s'approcher de, *to approach*	se lever, *to get up*
s'arrêter, *to stop*	se mettre à, *to begin*
s'asseoir, *to sit down*	se moquer de, *to make fun of*
se battre, *to fight*	se rappeler, *to recall, to remember*
se baigner, *to bathe oneself*	se reposer, *to rest*
se dépêcher, *to hurry*	se servir de, *to use*
se douter de, *to suspect*	se souvenir de, *to remember*

S'en aller, *to go away*

S'en aller	s'en allant	en allé	je m'en vais
(s'en être allé)			je m'en allai

Affirmatif

Indic. Présent	Passé Composé
Je m'en vais	Je m'en suis allé
Tu t'en vas	Tu t'en es allé
Il s'en va	Il s'en est allé
Nous nous en allons	Nous nous en sommes allés
Vous vous en allez	Vous vous en êtes allé(s)
Ils s'en vont	Il s'en sont allés

Négatif

Je ne m'en vais pas	Je ne m'en suis pas allé
Tu ne t'en vas pas	Tu ne t'en es pas allé
Il ne s'en va pas	Il ne s'en est pas allé
Nous ne nous en allons pas	Nous ne nous en sommes pas allés?
Vous ne vous en allez pas	Vous ne vous en êtes pas allé(s)
Ils ne s'en vont pas	Ils ne s'en sont pas allés

Interrogatif

M'en vais-je?	M'en suis-je allé?
T'en vas-tu?	T'en es-tu allé?
S'en va-t-il?	S'en est-il allé?
Nous en allons-nous?	Nous en sommes-nous allés?
Vous en allez-vous?	Vous en êtes-vous allé(s)?
S'en vont-ils?	S'en sont-ils allés?

Négatif-Interrogatif

Ne m'en vais-je pas?	Ne m'en suis-je pas allé?
Ne t'en vas-tu pas?	Ne t'en es-tu pas allé?
Ne s'en va-t-il pas?	Ne s'en est-il pas allé?
Ne nous en allons-nous pas?	Ne nous en sommes-nous pas allés?
Ne vous en allez-vous pas?	Ne vous en êtes-vous pas allés?
Ne s'en vont-ils pas?	Ne s'en sont-ils pas allés?

Impératif

Affirmatif	Négatif
Va-t'en!	Ne t'en va pas!
Allons-nous-en!	Ne nous en allons pas!
Allez-vous-en!	Ne vous en allez pas!

DEFECTIVE VERBS

There is a rather large group of verbs which do not have all the tenses, persons or moods. These are called "Defective Verbs". Below is a list of the most common of these in the forms in which they are found:

Chaloir, *to matter.* Il ne m'en chaut. *It doesn't matter to me.*

Clore, *to close, to stuff up, to fill up.*
Pres. Je clos, tu clos, il clôt.
Pres. Sub. Que je close, etc.
Fut. and Cond. Je clorai, etc. Je clorais, etc.
Pas. Comp. J'ai clos, etc.

Férir, *to strike.* Sans coup férir, *Without striking a blow.*

Gésir, *to lie, to rest.*
Pres. Part. gisant. Imp. Je gisais, etc.
Pres. Il gît, nous gisons, vous gisez, ils gisent
Ci-gît, *Here lies* } Ordinary form for epitaphs on
Ci-gisent, *Here lie* } tombstones

Honnir, *to dishonor.* Regular like "finir" but rarely used except in the following proverb:
Honni soit qui mal y pense. *Evil to him who evil thinketh.*

Issir, *to descend from.* Compound tenses only.
Je suis issu de

Ouïr, *to hear.*
J'ai ouï dire. *I heard said*
Oyez! Oyez! *Hear ye! Hear Ye!*
Exclamation used in announcing opening of court.

Seoir, *to be becoming, to fit* (messeoir, *to be unbecoming*)
Used in the third person only of following tenses:
Pres. Il sied, ils siéent (Il messied, ils messiéent)
Imp. Il seyait, ils seyaient (Il messeyait, ils messeyaient)
Fut. Il siéra, ils siéront (Il messiéra, ils messiéront)
Pres. Part. seyant

SOME ESSENTIAL REMARKS ON VERBAL USAGES

I. TENSES

Tenses in French are used very much like those in English. Study carefully the time expressed in the English sentence before translating it.

II. TENSES after CERTAIN SPECIAL WORDS

1. **Quand,** must be followed by the Future if the idea expressed is future.

> Je vous écrirai **quand je reviendrai.**
> *I shall write you when I return.*

2. **Depuis** is used,

    a.   with the Present Tense

> Je **demeure** ici **depuis** dix ans.
> *I have been living here for ten years.*

    b.   with the Imperfect Tense

> Je **lisais depuis** deux heures quand il est entré.
> *I had been reading for two hours when he entered.*

to express an action or state begun in the past and continuing in the present or one begun before another action and continuing when the second action began, both in the past.

In questions **Depuis quand** is used in the same way.

> Depuis quand **demeurez-vous** ici?
> *How long have you been living here?*

Il y a ... que, voici ... que and **voilà ... que** can be used instead of **depuis** in statements.

> Il y a (voici or voilà) dix ans que je **demeure** ici.
> *I have been living here for ten years.*

3. **Si**, introducing a condition must be followed by the **Present, Imperfect** or **Pluperfect** Tenses.

Condition   Result

Si je vais, je vous écrirai.
If I go, I shall write you.
Si j'allais, je vous écrirais.
If I went, I should write you.
Si j'étais allé, je vous aurais écrit.
If I had gone, I should have written you.

4. **Dès que, aussitôt que**, *as soon as*, **lorsque**, *when*, **après que**, *after*, are followed by the **Futur Antérieur** if the main clause is in the future and by **Passé Antérieur** if the main clause is in the Passé Simple.

> **Dès qu'il aura fini** son travail, il sortira.
> *As soon as he will have finished his work, he will go out.*
> **Dès qu'il eut fini** son travail, il sortit.
> *As soon as he had finished his work, he went out.*

III. AGREEMENT of PAST PARTICPLE

1. The **Past Participle** agrees with the subject if the verb is conjugated with **être**.
   > Nous sommes partis. *We left.*
   > Elles se sont assises. *They sat down.*

2. The **Past Participle** agrees with the **Direct Object** if this object **precedes** the verb in a compound tense with **avoir.**
   > Il les a trouvés. *He found them.*
   > Les lettres que j'ai écrites. *The letters which I wrote.*

3. The **Past Participle** of a **Reflexive** verb agrees with the **Reflexive Pronoun** if that pronoun is a **Direct Object,** or if there is a **preceding** Direct Object besides the reflexive object.

IV. VERB FOLLOWING ANOTHER VERB

1. The second of two verbs following each other is always in the **Infinitive** form.
   > Je l'entends **chanter**. *I hear her singing.*
   > J'ai vu les enfants **jouer**. *I saw the children playing.*
   > Il les fait **écrire**. *He makes them write.*

V. VERBAL FORMS after PREPOSITIONS

1. The **Infinitive** is used after all prepositions except en.

> Je travaille pour **gagner** ma vie.
> *I work to earn a living.*
> On ne peut pas vivre sans **manger**.
> *One can't live without eating.*

2. **En,** is followed by the **Present Participle.** It can be translated by *in, on, while, by.*

> Elle est tombée **en sortant**.
> *She fell while going out.*

3. **Après,** is followed by the **Past Infinitive.**

> **Après avoir parlé,** il s'est assis.
> *After speaking, he sat down.*
> **Après s'être** levé, il est sorti.
> *After getting up, he went out.*

4. **Avant,** is followed by **de** and the **Infinitive.**

> Réfléchissez **avant de parler**.
> *Think before you speak.*

VI. THE SUBJUNCTIVE—MOST COMMON USES.

1. After the following verbs and expressions:

vouloir, *to wish*	c'est dommage, *it is a pity*
désirer, *to desire*	être content, *to be pleased*
falloir, *to be necessary*	être étonné, *to be astonished*
*avoir peur, *to be afraid*	être fâché, *to be angry*
*craindre, *to fear*	il est possible, *it is possible*
douter, *to doubt*	il est temps, *it is time*
regretter, *to regret*	il semble, *it seems*
préférer, *to prefer*	il est important, *it is important*
demander, *to ask,*	il est essentiel, *it is essential*
to request	il se peut, *it may be*
avoir honte, *to be ashamed*	

and all synonyms of the above

2. In a subordinate clause after a Negative or Interrogative main clause.

> **Je ne crois pas** qu'elle **soit** chez elle.
> *I don't believe that she is at home.*

* Ne is placed before verb in the subjunctive.

> **Etes-vous** certain qu'il **aille?**
> *Are you certain that he is going?*

3. After the following conjunctions:

afin que, *in order that*
pour que, *in order that*
quoique, *although*
bien que, *although*

à moins que, *unless* (ne)
avant que, *before*
jusqu' à ce que, *until*
pourvu que, *provided that*

4. After a Superlative including the words **le seul, le premier, le dernier,** words which express a superlative idea.

> **Le seul** livre qui soit utile.
> *The only book which is useful.*

> **La meilleure** pièce qu'il **ait écrite.**
> *The best play he ever wrote.*

5. After **qui, que, dont, où** in a relative clause expressing purpose.

> Achetez une robe que vous **puissiez porter** à la campagne.
> *Buy a dress that you can wear in the country.*

6. After the compound words:

qui que, *whoever*
quoi que, *whatever*
quel que, *whatever*

qui que vous soyez, *whoever you are*
quoi que vous fassiez, *whatever you do*

NOTE:—The translation of the subjunctive depends entirely on the context. It will offer no difficulty. One should only remember that the **Simple** tenses of the subjunctive express an **uncompleted** action or state while the **compound** tenses express a **completed** action or state. The **Present** and the **Past Subjunctive** are used after a **Present** or **Futur** in the **main clause** while the **Imperfect** and the **Pluperfect** are used after any **Past** tense in the **main clause.**
Je regrette que vous n'y alliez pas.
> *I am sorry that you are not going.*
Je regrette que vous n'y soyez pas allé.
> *I am sorry that you did not go.*

The **Imperfect** and the **Pluperfect** of the Subjunctive are never used in conversation or in informal writing.

VII. SPECIAL USES of a FEW IMPORTANT VERBS

1. Devoir

"Devoir" means "to owe" but when it is followed by the **infinitive** of another verb it has different meanings in different tenses. These meanings are:

must — ought — have — be supposed to

Il **doit** partir ce soir.
{
He **has to** *leave to-night.*
He **must** *leave to-night.*
He **is supposed to** *leave to-night.*

Il **devait** revenir.
{
He **was supposed** *to return.*
He **was to** *return.*

Elle **devra** lui parler. *She* **will have to** *speak to him.*

Il **devrait** dire la vérité.
{
He **ought** *to tell the truth.*
He **should** *tell the truth.*

Il **aurait dû** dire la vérité.
{
He **ought to have** *told the truth.*
He **should have** *told the truth.*

Il **a dû** sortir.
{
He **had to** *go out.*
He **must have** *gone out.*

2. Faire

"Faire" followed by the **infinitive** of another verb is translated by the words **"have"** or **"make"**.

Je fais lire les élèves. *I have (make) the pupils read.*

Je fais lire le poème **aux élèves.**
I have (make) the pupils read the poem.

("élèves" is here an **Indirect** object because "lire" the **Infinitive** complement of "faire" has itself **a Direct** object.)

Il **a fait écrire** une lettre. *He had a letter written.*
Elle **se fait faire** une robe. *She is having a dress made.*

3. **Venir**

The Present and the Imparfait of **"venir"** followed by **"de"** and the **infinitive** of another verb express an **immediate past action.** They are translated in English by the word **"just".**

Il **vient** d'arriver. *He* **has just** *arrived.*
Elle **venait de partir.** *She* **had just** *left.*

VIII. VERBS and their COMPLEMENTS

The meaning of a verb is completed by a complement. In order to use the verb correctly, it is necessary to know the following details:

a. Is the complement of the verb a **direct** or **indirect object** or an **object preceded by a preposition?**

b. Is the complement an **infinitive** or a **clause?**

c. If the complement is an infinitive does it
  1. follow the verb directly
  2. require the preposition **à**
  3. require the preposition **de**

In the following pages are given the most common verbs which require special attention. Each verb is given with a complement. Only those verbs have been included which differ in construction from their English equivalents. Verbs which have the same construction in French and in English offer no difficulties. Sometimes one verb can be used in all of the three ways cited above. In such cases the meaning of the verb differs in each case. Only the most commonly used of the different constructions has been given here.

Study carefully the model sentence given. You will see quickly whether the complement follows the verb **directly** or is preceded by **à** or **de** or by some other preposition.

1. **Acheter** quelque chose à quelqu'un.
   To buy something **for** *someone or* **from** *someone.*
   Il a acheté un jouet à l'enfant.
   He bought a toy **for** *the child.*
   J'achète mes robes à Mlle. Renée.
   I buy my dresses **from Miss Renée.**

2. **Aider** quelqu'un à faire quelque chose.
   To help someone do something.
   Il aide son ami à vendre ses journaux.
   He helps his friend sell his papers.

3. **Aller** faire quelque chose. *To go to do something.*
   Je vais manger. *I am going to eat.*

4. **Apprendre** à faire quelque chose.
   To learn to do something.
   J'apprends à danser. *I learn to dance.*

5. **S'approcher de** quelqu'un ou **de** quelque chose.
   To approach someone or something.
   Nous nous approchons **de** la ville.
   We are approaching the city.

6. **Attendre** quelqu'un ou quelque chose.
   To wait for someone or for something.
   Marie attend sa soeur.
   Mary is waiting for her sister.

7. **Cesser de** faire quelque chose. *To stop doing something.*
   Il a cessé **de** parler. *He stopped speaking.*

8. **Chercher** quelqu'un ou quelque chose.
   To look for someone or for something.
   Je cherche ma montre. *I am looking for my watch.*

9. **Compter** faire quelque chose. *To plan to do something.*
   Elle compte aller en France, cet été.
   She is planning to go to France this summer.

10. **Conseiller à** quelqu'un **de** faire quelque chose.
    To advise someone to do something.
    Je conseille à Louise **de** faire ce voyage.
    I advise Louise to take this trip.

11. **Consentir** à faire quelque chose.
    To consent to do something.
    Il a consenti à aller. *He consented to go.*

12. **Continuer** à faire quelque chose.
    To continue to do something.
    Continuez à lire! *Continue to read!*

13. **Commencer** à faire quelque chose.
    To begin to do something.
    Elle a commencé à chanter. *She began to sing.*

14. **Craindre** quelqu'un ou quelque chose.
    To fear someone or something.
    Je crains cet homme. *I fear this man.*
    . . . **de** faire quelque chose. *To fear to do something.*
    Il craint **d'**y aller. *He is afraid to go there.*
    . . . que quelqu'un **ne fasse** quelque chose. (subj.)
    To fear that someone may do something.
    Je crains que vous **ne tombiez.**
    I am afraid that you may fall.

15. **Croire** quelque chose. *To believe something.*
    Je ne crois pas cette histoire.
    I don't believe this story.
    . . . **à** quelque chose. *To believe in something.*
    Croyez-vous **à** l'astrologie?
    Do you believe in astrology?
    Croire **en** Dieu. *To believe in God.*

16. **Défendre à** quelqu'un **de** faire quelque chose.
    To forbid someone to do something.
    Le père défend **à** son fils **de** conduire l'auto.
    The father forbids his son to drive the car.

17. **Décider de** faire quelque chose.
    To decide to do something.
    J'ai décidé **de** sortir. *I decided to go out.*

18. **Demander** quelque chose. *To ask for something.*
    Il demande son argent. *He asks for his money.*
    . . . **à** quelqu'un **de** faire quelque chose.
    To ask someone to do something.
    Je demande **au** garçon **de** fermer la porte.
    I ask the boy to close the door.
    . . . **à** faire quelque chose. *To ask to do something.*
    La dame demande à voir le docteur.
    The lady asks to see the doctor.

19. **Désirer** (See vouloir. Same construction.)
20. **Devoir** (See page 72.)
21. **Dire** quelque chose **à** quelqu'un.
    To tell something to someone.
    J'ai dit cela **au** professeur. *I said this to the teacher.*
    . . . **à** quelqu'un **de** faire quelque chose.
    To tell someone to do something.
    Dites **à** l'enfant **de** s'asseoir!
    Tell the child to sit down!

22. **Douter de** quelqu'un ou **de** quelque chose.
    To doubt someone or something.
    Je doute **de** sa parole. *I doubt his word.*

23. **Ecouter** quelqu'un ou quelque chose.
    To listen to someone or to something.
    Ecoutez le professeur! *Listen to the teacher!*
    . . . faire quelque chose.
    To listen to someone doing something.
    Ecoutez chanter les oiseaux!
    Listen to the birds singing!

24. **Empêcher** quelqu'un **de** faire quelque chose.
    To prevent someone from doing something.
    J'ai empêché Jean **de** tomber.
    I prevented John from falling.

25. **Emprunter** quelque chose à quelqu'un.
    To borrow something from someone.
    Il a emprunté l'argent à son ami.
    He borrowed the money from his friend.

26. **Enseigner** à quelqu'un à faire quelque chose.
    To teach someone to do something.
    La mère enseigne à coudre à sa fille.
    The mother teaches her daughter to sew.

27. **Entrer dans** quelque chose. *To enter something.*
    Il est entré **dans** la salle. *He entered the room.*

28. **Envoyer** faire quelque chose.
    To send (someone) to do something.
    Envoyer chercher le médecin. *Send for the doctor.*

29. **Espérer** faire quelque chose. *To hope to do something.*
    Nous espérons recevoir de bonnes notes.
    We hope to receive good marks.

30. **Entendre** faire quelque chose. *To hear something done.*
    J'entends chanter les oiseaux.
    I hear the birds singing.

31. **Essayer de** faire quelque chose. *To try to do something.*
    Le garçon essaye **de** nager. *The boy tries to swim.*

32. **Eviter de** faire quelque chose. *To avoid doing something.*
    Evitez **de** faire trop de fautes.
    Avoid making too many mistakes.

33. **Faire** faire quelque chose. *To have something done.*
    Je fais bâtir une maison. *I am having a house built.*

34. **Falloir** faire quelque chose.
    To be necessary to do something.
    Il faut travailler. *It is necessary to work.*
    . . . que quelqu'un **fasse** quelque chose. (Subj.)
    It is necessary that someone do something.
    Il faut qu'il revienne tout de suite.
    It is necessary that he come back at once.
    . . . quelque chose à quelqu'un. *To need.*
    Il me faut de l'argent. *I need some money.*

35. **Finir de** faire quelque chose. *To finish doing something.*
    Il a fini **de** manger. *He has finished eating.*

36. **Se hâter de** faire quelque chose.
    To hasten to do something.
    Je me suis hâté **de** quitter la ville.
    I hastened to leave the city.

37. **S'habituer à** faire quelque chose.
    To become accustomed to doing something.
    Elle s'est habituée à parler français.
    She became accustomed to speaking French.

38. **Hésiter à** faire quelque chose.
    To hesitate to do something.
    Il hésite à accepter la proposition.
    He hesitates to accept the proposition.

39. **Inviter** quelqu'un à faire quelque chose.
    To invite someone to do something.
    Ils ont invité la dame à aller avec eux.
    They invited the lady to go with them.

40. **Jouer** quelque chose. *To play something.*
    Elle joue une sonate de Mozart.
    She is playing a sonata by Mozart.
    . . . **d'**un instrument. *To play an instrument.*
    Elle joue **du** violon. *She plays the violin.*
    . . . **à un jeu.** *To play a game.*
    Nous jouons **au** tennis. *We play tennis.*

41. **Laisser** quelqu'un faire quelque chose.
    To let someone do something.
    Laissez jouer cet enfant. *Let this child play.*

42. **Médire de** quelqu'un. *To slander someone.*
    Cette dame médit de ses voisines.
    This lady slanders her neighbors.

43. **Manquer de** faire quelque chose.
    To fail to do something.
    Il ne manque jamais **de** venir.
    He never fails to come.

44. **Obéir à** quelqu'un.   *To obey someone.*
    Obéissez **à** vos parents! *Obey your parents!*

45. **Offrir de** faire quelque chose. *To offer to do something.*
    Elle a offert **de** me prêter l'argent.
    She offered to lend me the money.

46. **Oser** faire quelque chose. *To dare to do something.*
    Je n'ose pas aller. *I do not dare to go.*

47. **Oublier de** faire quelque chose.
    To forget to do something.
    N'oubliez pas **de** m'écrire!
    Don't forget to write to me!

48. **Payer** quelque chose.   *To pay for something.*
    Elle a payé ce manteau cent dollars.
    She paid $100 for this coat.

49. **Parvenir à** faire quelque chose.
    To succeed in doing something.
    Il ne parvient jamais **à** le faire.
    He never succeeds in doing it.

50. **Pardonner à** quelqu'un **de** faire quelque chose.
    To pardon someone for doing something.
    Je ne lui pardonnerai jamais **d'** avoir désobéi.
    I shall never pardon her for having disobeyed.

51. **Penser à** quelqu'un ou **à** quelque chose.
    To think of someone or something.
    A quoi pensez-vous? *Of what are you thinking?*
    . . . quelque chose **de** quelqu'un ou **de** quelque chose.
    To have an opinion of someone or of something.
    Que pensez-vous **de** Louis?
    What do you think of Louis?
    . . . faire quelque chose. *To plan to do something.*
    Nous pensons partir demain.
    We plan to leave to-morrow.

52. **Permettre à** quelqu'un **de** faire quelque chose.
    To permit someone to do something.
    Permettez **à** mon ami **de** venir!
    Permit my friend to come!

53. Plaire à quelqu'un. *To please someone.*
Cela plaît beaucoup à mes amis.
That pleases my friends very much.

54. Pouvoir faire quelque chose.
To be able to do something.
Je ne peux pas dormir. *I cannot sleep.*

55. Préférer faire quelque chose. *To prefer to do something.*
Nous préférons rester. *We prefer to remain.*

56. Promettre à quelqu'un **de** faire quelque chose.
To promise someone to do something.
Il a promis à sa mère **de** ne plus fumer.
He promised his mother not to smoke any more.

57. Refuser de faire quelque chose.
To refuse to do something.
Il refuse **de** parler. *He refuses to speak.*

58. Regarder quelqu'un ou quelque chose.
To look at someone or at something.
Regardez cette femme! *Look at this woman!*
. . . faire quelque chose.
To look at someone doing something.
Regardez jouer ces enfants!
Look at these children playing!

59. Regretter de faire quelque chose.
To regret to do something.
Je regrette **de** quitter l'école.
I regret to leave school.

60. Remercier quelqu'un **de** quelque chose.
To thank someone for something.
Je vous remercie **de** votre bonté.
I thank you for your kindness.

61. Renoncer à faire quelque chose.
To give up doing something.
Il a renoncé à fumer. *He gave up smoking.*

62. Répondre à quelqu'un ou à quelque chose.
To answer someone or something.
Répondez à la question! *Answer the question!*

63. Ressembler à quelqu'un. *To resemble someone.*
Marie ressemble à sa mère.
Mary resembles her mother.

64. **Reussir à** faire quelque chose.
    To succeed in doing something.
    Il a réussi à convaincre le juge.
    He succeeded in convincing the judge.

65. **Savoir** faire quelque chose.
    To know how to do something. (Can)
    Savez-vous jouer du piano? *Can you play the piano?*

66. **Sembler** faire quelque chose. *To seem to do something.*
    Elle semble dormir. *She seems to be sleeping.*

67. **Songer à** quelqu'un ou à quelque chose.
    To dream or to think of someone or of something.
    Il songeait à ses projets.
    He was thinking of his projects.
    . . . à faire quelque chose.
    To think of doing something.
    Je songe à faire un grand voyage.
    I am thinking of taking a big trip.

68. **Se souvenir d'** avoir fait quelque chose.
    To remember doing something.
    Je me souviens d'avoir vu cet homme.
    I remember having seen this man.

69. **Tâcher de** faire quelque chose. *To try to do something.*
    Tâchez **de** vous faire comprendre.
    Try to make yourself understood.

70. **Tarder à** faire quelque chose.
    To delay doing something.
    Ne tardez pas à venir. *Don't delay coming!*

71. **Valoir** mieux faire quelque chose.
    To be better to do something
    Il vaut mieux mourir que souffrir.
    It is better to die than to suffer.

72. **Venir** faire quelque chose.   *To come to do something.*
    Je suis venu vous parler. *I came to speak to you.*

73. **Voir faire** quelque chose. *To see something done.*
    Je vois travailler les hommes. *I see the men working.*

74. **Vouloir** faire quelque chose. *To want to do something.*
    Je veux aller à Paris. *I want to go to Paris.*
    . . . que quelqu'un **fasse** quelque chose.
    To want someone to do something.
    Je veux qu'il **aille** à Paris.
    I want him to go to Paris.

ALPHABETICAL LIST OF VERBS CONJUGATED

A

Aller	18
S'en aller	66
Accroître, like Croître	34
Accueillir, like Cueillir	22
Acquérir	20
Apercevoir, like Recevoir	50
Apparaître, like Connaître	32
Appartenir, like Tenir	28
Appeler	14
Apprendre, like Prendre	40
Assaillir	20
Asseoir	46
Atteindre, like Peindre	40
Attraire, like Traire	44
Avoir	8

B

Battre	30
Boire	30
Bouillir	20

C

Chaloir	67
Clore	67
Commettre, like Mettre	38
Comprendre, like Prendre	40
Concevoir, like Recevoir	50
Conclure	30
Conduire	30
Confire	32
Connaître	32
Conquérir, like Acquérir	20
Consentir, like Sentir	26
Construire, like Conduire	30
Contenir, like Tenir	28
Contraindre, like Craindre	32
Contredire, like Dire	34
Convaincre, like Vaincre	44
Corrompre, like Rompre	42
Coucher, (se)	64
Coudre	32
Courir	20
Couvrir, like Ouvrir	26
Craindre	32
Créér	14
Croire	34
Croître	34
Cueillir	22
Cuire, like Conduire	30

D

Décevoir, like Recevoir	50
Déchoir	46
Découdre, like Coudre	32
Découvrir, like Ouvrir	26
Décrire, like Ecrire	34
Décroître, like Croître	34
Défaire, like Faire	36
Dépeindre, like Peindre	40
Déplaire, like Plaire	40
Dépourvoir, like Pourvoir	48
Détruire, like Conduire	30
Devenir, like Venir	28
Dévêtir, like Vetir	28
Devoir	46
Dire	34
Disparaître, like Connaître	32
Dissoudre, like Résoudre	40
Distraire, like Traire	44
Donner	10
Dormir	22

E

Ebouillir, like Bouillir	20
Ecrire	34
Elire, like Lire	36
Emboire, like Boire	30
Emouvoir, like Mouvoir	48
Employer	14
Enceindre, like Peindre	40
Endormir, like Dormir	22
S'enfuir, like Fuir	22
Entreprendre, like Prendre	40
Entretenir, like Tenir	28
Envoyer	18
Equivaloir, like Valoir	50
Espérer	16
Eteindre, like Peindre	40
Etre	8
Etudier	16
Exclure, like Conclure	30
Extraire, like Traire	44

F

Faillir	22
Faire	36
Falloir	46
S'en falloir, like Falloir	46
Feindre, like Peindre	40
Férir	67
Fuir	22

NOTES

NOTES

NOTES

NOTES

NOTES

NOTES

NOTES

NOTES

NOTES

NOTES